À M. A. A.

Prologue

Au lecteur

J'ai rencontré Charlotte Perriand, un jour, chez elle. Je veux dire qu'à l'occasion d'un article sur son travail, je me suis retrouvée dans son appartement à Paris, un lieu où elle avait tout fait, tout pensé, tout conçu, au moindre millimètre. Cet endroit parlait de voyages et de liberté, de soif d'entreprendre et de découvrir. Au sein de cet espace, œuvre totale perchée sur la ville, j'ai eu le sentiment de mettre un pas dans son cerveau, de déambuler dans sa façon de penser, sa façon de voir les choses, d'organiser son monde et, pourquoi pas, le monde. J'étais au cœur du territoire Perriand. La rencontre avec sa fille Pernette Perriand-Barsac et son mari Jacques Barsac, deux êtres passionnés, élégants et généreux, a achevé de m'initier à celle qui fut l'une des plus grandes figures féminines de l'architecture du XXe siècle. Avant de me lancer dans l'écriture de ce livre, j'ai cherché à me saisir de sa pensée, à imaginer ses réflexions, son point de vue sur les choses. Ainsi m'est venu le désir de fabriquer son journal imaginaire pour y faire entendre une voix, la sienne, y écrire des non-dits qui ne figurent dans aucune autre publication à son sujet. Au fond, j'ai eu envie de faire exister Charlotte Perriand entre les lignes. Cette grande conceptrice de la façon d'habiter son époque – particulièrement lors de ses années japonaises – a mis au point des systèmes modulaires permettant d'offrir au plus grand nombre une nouvelle manière d'organiser l'espace intime de son habitat. C'est calqué sur le même principe que j'ai voulu faire connaître cette femme, mon héroïne. En ouvrant les pages au hasard des dates, on peut reconstituer de façon modulaire, tel un puzzle, le parcours inouï de celle dont l'existence couvre presque entièrement le XXe siècle. D'autres pourront suivre Charlotte, de sa jeunesse aux derniers instants de son existence, selon l'ordre chronologique.

Les grandes ellipses sur de nombreux projets, réalisés ou non, sur les querelles d'architectes, sur la multiplication des difficultés financières ou sur les presque vingt ans que représente sa mission aux Arcs sont volontaires. Pour moi, il ne s'agissait pas de produire une somme exhaustive de chaque minute de la vie et de l'œuvre de Charlotte Perriand. Tous les ouvrages écrits par Jacques Barsac offrent à ce titre une recension complète des différents aspects de sa très riche carrière. Il était hors de question d'entrer en concurrence avec cet admirable travail mené au côté de la fille de Charlotte Perriand, Pernette. Par ailleurs, les galeries d'antiquaires et de design, les experts, les maisons de ventes aux enchères ou les éditeurs de meubles s'expriment suffisamment à travers ouvrages et interviews pour qu'il ne m'ait pas semblé nécessaire de faire appel à eux ici.

Virginie Mouzat

Devant une belle page blanche,
j'aimerais avoir vingt ans…

Charlotte Perriand

1927-1928

Je me lance. Ces deux dernières années ont bouleversé ma vie. Il se passe tellement de choses. Il faut les écrire. Tout se bouscule dans ma tête. Par où commencer ?

J'ai coupé mes cheveux. Je me suis même initiée au charleston. Il n'y aura plus maman pour me dire : « Mais, Charlotte, je ne te demande rien » lorsque je tente de lui fournir des excuses. Elle ne pourra plus me le dire parce qu'il n'y a pas d'excuses. C'est ma nouvelle vie. Libre.

On me regarde dans la rue. Fille ou garçon ? Je suis ultra fille, mais ce n'est pas de ma faute si j'ai vécu comme ma grand-mère une enfance de garçon manqué. Et si, comme ma mère, partie de chez elle, je cultive l'indépendance, je ne souhaite pourtant pas l'imiter, rompre avec les miens suite à une querelle. J'ai coupé mes cheveux et ça me fait un bien fou. Fini la jeune fille sage qui suivait les cours de nu donné par Bernard Boutet de Montvel, fini l'obéissance aux académismes. Aujourd'hui, c'est l'appel du grand rien qui nettoie l'âme et le cœur.

Avec le guide Blanc qu'on appelle « le Pape », j'ai été initiée au grand souffle. Celui de la haute montagne. Au-dessus de Bonneval-sur-Arc, au refuge des Évettes, au pied des glaciers, objet de mes rêves. Hommage à papa, à notre Savoie. L'ivresse des cimes et du dépassement de soi comme éthique. Oui, oui, mille fois oui. Prendre de la hauteur, respirer, s'inscrire dans l'énergie de la cordée sans jamais oublier sa propre force motrice. Surveiller le premier, prendre soin du dernier, ralentir parce qu'il le faut lorsque les autres peinent oui, travail d'équipe, culture de la solidarité et de l'effort de groupe, oui, mais respirer et grimper sans cesse vers la lumière. Et ne jamais, jamais revenir en arrière. Alors là-haut, oh mon Dieu là-haut, seule fille parmi les garçons, dans le grand silence blanc, écouter, s'écouter, faire place nette, contempler ce chaos tellurique scintillant. Laisser l'air couler sur ma nuque de garçonne. Seule, face au monde. Et, torse nu, lever très haut mes mains vers le ciel, sur le toit du monde, en signe de victoire.

À dix-huit ans, j'ai découvert la mer. Saint-Malo. Autre immensité. L'Italie aussi. Et si c'était ça ma vie, découvrir l'univers, y découvrir ma place ? À maman, j'ai écrit il y a quelques jours : « Tu sais, je suis faite pour une vie de voyages. J'adore cela, l'imprévu. »

Par la conquête et les hasards, habiter le monde comme on habite chez soi.

Je me suis mariée en rouge, le 22 décembre 1926. Avec Percy Scholefield, un Anglais, sympathique, plus âgé que moi, plus calme aussi. Pourquoi un Anglais ? Je ne sais pas. Enfin si, je sais. Je connais Percy depuis que j'ai quinze ans. Il en a vingt de plus que moi. Il a un côté gentleman, posé, charmant, toujours égal à lui-même, courtois, attentionné. Il est négociant en tissus pour de grands couturiers. Papa était contre ce mariage.

Pourquoi Percy ? Je ne sais pas trop. L'idée c'était quitter l'état de petite fille, je crois, quitter papa et maman même si je les adore bien sûr. Percy s'est fait naturaliser français et converti au catholicisme. Au bout d'un an, j'ai eu gain de cause, on s'est marié. C'était en hiver, en manteau de velours rouge. C'était parfait et pas catholique si je puis dire même si je l'ai épousé à l'église Saint-Roch. Les froufrous de dentelle blanche, ça non, très peu pour moi. J'ai offert la rose rouge que je portais au prêtre qui m'a baptisée. Il n'y avait que papa, maman, Percy et moi. Voilà. Percy est la clé qui a ouvert la porte à une autre vie. Mais honnêtement, c'est moi qui l'ai choisi, ce départ, cette autre vie, ce commencement.

D'un sommet l'autre, j'ai quitté le lieu de mon enfance, perché au-dessus de la place du Marché-Saint-Honoré pour ici, sur une autre place, celle de Saint-Sulpice où nous louons un atelier de photographe sous les toits. La verrière donne sur l'église. Je découvre la rive gauche et son calme, nouveau pour moi. Mais la vraie griserie c'est que c'est chez MOI. Enfin chez nous. Et là j'en ai fait mon royaume. Par Percy j'ai découvert la littérature anglaise, et par moi-même, eh bien… tout le reste.

La première lettre reçue ici est celle de maman : *Nous sommes moi et ton père comme deux amoureux qui ne sont plus sous le contrôle de leurs parents, et leurs parents, c'est toi bien entendu… Ta petite maman qui veut être ta grande amie.*

Hier première fête pour pendre la crémaillère dans notre appartement. Presque tous mes amis étaient là : Marianne Clouzot, fille du directeur du musée Galliera (elle organise une fête là-bas après-demain, ça va encore être dingue), Dora Maar, Jacqueline Lamba et son nouveau flirt André Breton, Djo-Bourgeois, Marcel Zahar, Gérard Sandoz, Jean Fouquet. À la fin, Simone Gebelin a chanté *Je suis grise*. Le pire c'est qu'elle était vraiment grise, mais sa voix de soprano a fait le reste. Mal à la tête ce matin.

Je suis allée voir les nouvelles automobiles au Salon de l'auto. J'y ai acheté un phare rutilant de chrome et de rondeur pour éclairer ma nouvelle salle à manger à Saint-Sulpice. Je découvre les films de Cocteau, la trompette de Louis Armstrong, j'ai adoré Joséphine Baker au théâtre des Champs-Élysées, quelle liberté et quelle drôlerie, son petit derrière dressé ceinturé de bananes. Je me suis confectionné un collier fait de boules de cuivre chromé, c'est mon roulement à billes. Puisque le XXe siècle s'avère mécanique, prenons sur lui un point de vue mécanique. Voilà.

On se moque un peu de moi, on me fait des réflexions dans la rue avec ce collier et mes cheveux courts, mais peu importe, je suis libre.

Grâce à mon professeur Dufresne, j'ai rencontré Labadie, un serrurier de génie. Par cet homme à qui je confie des défis techniques, j'apprends tout de la mécanique, des emboîtements, des bricolages magiques. Je le fais travailler sur mes premiers essais. Il a l'air d'apprécier mes dessins qui ne lui imposent aucun déjà-vu. J'adore ses bricolages fantaisistes et surréalistes. Le métal autorise bien autre chose que le bois, les tentures, les tapisseries d'avant.

Oui, c'est étrange comme, en ce moment, je sens dans l'air un avant et un après.

Je veux exprimer cette nouveauté dans un art de vivre total, dans une autre façon de se vêtir, de se mouvoir et d'habiter. J'ai fait remplacer la porte palière de l'appartement de Saint-Sulpice par une porte coulissante laquée. J'ai conçu un bar en cuivre nickelé et tôle d'alu anodisé, je l'ai baptisé « le bar sous le toit ». Je me suis juré que rien ne serait plus comme avant. Alors, pour faire la fête avec mes amis, pas question d'être assis en rond autour d'une table basse. Ici le bar permet de se servir et de se mouvoir.

Juillet 1927

J'ai vendu le coin de salon exposé en 1926 à Percy et c'est pour lui que j'ai réalisé mon vaisselier du Salon des décorateurs de 1927.

Percy a posé sur la table, pour mon petit déjeuner, la revue *L'Art et les artistes*, il a souligné les mots d'Ernest Tisserand : « S'il y avait un concours du "plus beau meuble", est-ce Montagnac qui l'emporterait avec un Bahut aux belles lignes, ou Charlotte Perriand pour son Argentier de bois de violette à armature métallique ? »

Fierté ! Percy impressionné, je crois.

Salon d'Automne 1927

Même si j'ai inauguré mon bar sous le toit, au champagne avec mes amis – Marianne Clouzot m'a dit le lendemain : « Ah ! on s'est cuité savamment » –, quelle appréhension ! Ce trac quand on sent qu'on a raison, quand on sent qu'on touche quelque chose de juste dans le regard des autres, mais qu'on ne sait pas comment appeler cela. Modernité ? Avant-garde ? Air du temps avant l'air du temps ? L'air d'un autre temps en somme.

Ma présentation a été un énorme succès. Jean Fouquet est heureux et fier. On parle de moi.

Percy, comme d'habitude, a souligné dans *Le Temps*, l'article de Léandre Vaillat : « La manière dont Mlle Perriand installe son bar sous le toit témoigne de la même ingéniosité que l'argentier exposé par elle au dernier Salon des artistes décorateurs. À utiliser l'espace, à lutter, comme on dit, contre le centimètre carré, à tirer parti du moindre recoin et de la pente mansardée, elle s'entend comme pas un. »

Gaston Derys dans *Minerva* : « C'est une des réussites les plus intéressantes de ce Salon. Il utilise avec bonheur une petite pièce mansardée et séduit tant par sa tonalité violet et rose, par l'ingéniosité de la conception, que par le judicieux emploi des tubes métalliques qui sont appelés à rénover l'industrie du meuble. »

Percy a levé la tête de son *Journal des débats*, il m'a dit : « Pour Paul Fierens, tu es "une révélation". » Et il a ajouté : « Pour moi aussi, *my darling*. »

Le doute

Je n'ai rien anticipé, je suis heureuse et désemparée. Rien dans ma famille ne m'a préparée à la notoriété, à la lumière, à la renommée même si elle est modeste.

Que dois-je faire ? Après le succès, je suis pétrifiée. Je ne sais plus quel chemin suivre ? Pas envie de

« fonder une famille », comme on dit ? Pas envie de devenir décoratrice, ça non.

Personne n'est célèbre chez moi, à part mon grand-père peut-être, ciseleur chez le fondeur Barbedienne. C'est une légende dans la famille. Il a accompagné Outre-Atlantique la statue de la Liberté, cadeau de la France « aux Amériques ». Mais, au fond, quelle importance ? Ce qu'on m'a appris, c'est l'indépendance, la force des idées et le travail de groupe. Malgré tout, je ne sais pas quoi faire. Il me semble que comme la belette que j'apercevais au hameau de Moulery en Bourgogne quand j'étais petite, c'est moi, ici, à Paris, là maintenant, qui suis figée en état de sidération. Sidération devant ce qui ressemble un peu à du succès. Alors, j'ai décidé de commencer ce journal. Pour ne pas laisser filer les événements et peut-être y consigner ce que je suis vraiment.

Je tripote mon porte-bonheur, la bague d'opale noire que maman m'a offerte pour mes dix-sept ans. Est-ce que tout cela, ce qui commence et que je ne reconnais pas, va vraiment me porter bonheur ? Faut-il persister dans la voie qui semble me réussir : dessiner des meubles, des intérieurs, repenser l'habitat, le quotidien, le geste des femmes chez elles lorsqu'elles organisent dans l'espace leur vie de tous les jours ? C'est vraiment cette logique de l'intime qui me tient à cœur. Mieux vivre ensemble, harmoniser, rationaliser l'espace intérieur pour les hommes… Vais-je y apporter une réelle valeur ajoutée ?

Mai 1928

À René Herbst, j'ai proposé la constitution d'une unité de choc au sein du Salon des artistes décorateurs. Djo-Bourgeois, Jean Fouquet, Gérard Sandoz, Jean Puiforcat et Jean Luce nous ont rejoints. Avec Herbst et Djo-B on a reproduit un appartement de trois pièces. J'ai recréé la salle à manger de Saint-Sulpice. Percy vient de me lire l'article de Waldemar-George dans *Patrie* : « Herbst, Djo-Bourgeois, Perriand constituent l'avant-garde d'un mouvement qui ne doit sans doute que peu de chose aux aînés. Les jeunes abordent franchement les problèmes techniques et matériels liés à la vie domestique. Ils prennent de plus en plus conscience du rôle social de leur métier. »

Ce succès, loin de me réussir, me met mal à l'aise. S'il me portait la poisse ?

Longues discussions avec mon cher Jean Fouquet. Je partage avec lui mes angoisses. Lui ne cesse de me parler d'un Le Corbusier. Moi, un peu effrayée par cette petite notoriété qui commence, j'ai plutôt en tête un grand bol d'air qui me laverait de tout. Repartir sur les sommets et être libre ou s'inscrire à l'école d'agriculture de Grignon, peut-être ? Respirer, enfin seule.

J'en ai parlé à Fouquet. Il m'a regardée bien droit dans les yeux et m'a dit que j'étais folle. Le lendemain, j'ai reçu de lui deux livres qu'il me demandait de lire toute affaire cessante : *Vers une architecture* et *L'Art décoratif d'aujourd'hui* du même Le Corbusier.

Révélation

Je viens de finir les deux ouvrages de Le Corbusier. C'est une révélation, une profession de foi. Ma Bible est là. La brume s'est évaporée. Il me semble que le destin me demande de répondre à cet appel. Mon instinct m'y convoque. Il me semble que ce que j'entends dans cette proposition du monde m'éclaire et fait écho à ce qui naît en moi.

Cet homme a une vision qui rejoint la mienne. J'aime son idée de construire des maisons en série comme des châssis d'automobiles. Moi aussi, je crois en cette civilisation machiniste.

Épiphanie. Et quelle ironie du sort, au 35, rue de Sèvres, l'atelier de Le Corbusier occupe un ancien couvent. S'il s'agissait d'une nouvelle religion ? Je veux travailler avec lui.

14 octobre 1927

Partir de la place Saint-Sulpice, laisser dans mon dos son austérité grise, passer la rue de Rennes, bifurquer rue du Cherche-Midi à gauche et puis marcher jusqu'au croisement du boulevard Raspail à la hauteur du Lutetia, traverser et rejoindre la rue de Sèvres.

C'est pourtant juste à côté de mon perchoir sous les toits, mais jamais chemin ne m'a paru aussi long. La peur au ventre, le cœur battant, je me suis dirigée vers l'atelier de Le Corbusier, au 35, rue de Sèvres. Les mots de Fouquet résonnant à mes oreilles : « Tu es folle. » Et si la folie c'était vraiment ça ? Aller, telle une brebis sacrifiée, se présenter chez celui dont je me dis qu'il pourrait être mon maître... quelle prétention ! Je suis tellement perdue dans mes pensées que je dépasse le numéro 35 et je me retrouve au croisement rue de Sèvres et rue Dupin. Je retourne sur mes pas. Il est 10 heures Je n'ai pas pu avaler mon bol de café. Pourtant, mon succès au Salon cette année me porte, mais ce matin c'est comme si rien ne s'était passé, j'en tremble.

Au 35, je demande à rencontrer Le Corbusier. On me fait attendre. Après un moment, je vois arriver un homme svelte, pas très grand, timide mais aimable, qui me dit qu'il n'est pas là. Je m'attendais à tout sauf à ça. « De quoi s'agit-il ? », me demande-t-il. J'ai expliqué que je venais de la part de Jean Fouquet pour voir Le Corbusier lui-même. Je n'ai pas laissé mon dossier. Il vaut toujours mieux parler à Dieu qu'à ses saints. Je suis repartie. Bredouille, désemparée. J'avais tout prévu sauf ce coup d'épée dans l'eau. J'ai pensé qu'en cette chapelle, Dieu le père, Le Corbusier lui-même était toujours là, du matin au soir. C'était idiot.

Suis repartie encore plus tourmentée, me rappelant combien à l'exposition internationale des Arts décoratifs de 1925, le pavillon de l'Esprit Nouveau de

Le Corbusier et Pierre Jeanneret, si dépouillé, semblait relégué avec mépris dans un coin. Et si l'absence de Le Corbusier était un signe ce matin ? Est-ce une si bonne idée que ça, son atelier, cette « religion », ma vénération ? En marchant, j'ai traversé les rues, la tête ailleurs. Je me suis retrouvée au bord de la Seine et, en me penchant au-dessus de l'eau, il m'a semblé qu'enfin je reprenais un peu de hauteur. Un peu mon souffle aussi. J'ai marché vite pour m'éloigner à toute allure du 35, rue de Sèvres où on ne m'attendait pas. L'homme qui m'a accueillie m'a dit qu'il fallait revenir l'après-midi si je voulais voir L.C… jamais là le matin, paraît-il. Il faut que j'y retourne.

L.C.

Voilà. Je l'ai eu devant moi. Celui dont les livres m'ont ouverte en deux, celui qui fait déjà autorité sur moi. Le Corbusier lui-même, derrière ses grosses lunettes rondes. « Qu'est-ce que vous voulez ? » m'a-t-il demandé. J'ai répondu du tac au tac : « Travailler avec vous. » J'ai répété mille fois dans ma tête cette réplique préférable à toute autre coquetterie. Rien de mieux que la franchise, être au plus proche de mes convictions. J'étais glacée. Il a ouvert mon dossier, regardé mes dessins. Pas assez longtemps à mon goût. « Ici, on ne brode pas des coussins », a-t-il lâché. C'est foutu, me suis-je dit. Et foutu pour foutu, j'ai quand même trouvé la force de lui laisser mon adresse et de lui signaler mon bar sous le toit exposé en ce moment au Salon d'Automne. Dans la rue je suis sortie presque soulagée, parce que c'était fini, parce que j'avais essayé, parce que j'avais fait de mon mieux et que j'avais échoué. Même si je suis un peu vexée que mon charme n'ait pas opéré, le trac est derrière moi. Je respire enfin avec le soulagement bizarre d'avoir réchappé à un accident.

On verra bien, mais inutile de rêver. Il faut bien que je me l'avoue, l'accueil a été glacial, le personnage raide et peu avenant. Doit-on être un maître à ce prix ? Je voyais du coin de l'œil dans cet atelier où tout l'espace est ouvert que l'homme qui m'avait accueillie la première fois me regardait sans cesse. Il n'a rien raté de notre tête-à-tête. Sortie dans la rue avec l'impression qu'on m'a traitée comme une gamine, qu'on m'a donné une petite tape sur la joue en me disant, allez jouer ailleurs ma petite. En effet, c'est désormais mon idée. Ce rendez-vous a été une catastrophe. J'enrage.

Hier, j'ai retrouvé Fouquet au Salon. Moi, la mine basse. Je déteste ma coupe à la garçonne et mon collier à roulements à billes, je me déteste, moi, l'enfant prodige devant Fouquet qui m'offre un visage souriant, je n'en mène pas large. « J'ai vu Le Corbusier et Pierre Jeanneret ce matin à ton stand. Tu travailleras avec lui, il va t'écrire. » Je n'en ai pas cru mes oreilles. Et j'ai compris au même moment que c'était Pierre

Jeanneret qui m'avait reçue la première fois. Devant ce retournement des choses, je suis restée muette et livide. J'ai regardé Fouquet, lui ai demandé de répéter ce qu'il venait de dire. Je n'arrêtais pas de dire : « Vraiment ? Vous êtes sûr ? » Fouquet m'a dit : « Allons, Charlotte, soyez raisonnable, vous n'allez pas dire non. » Je me suis excusée. Je voulais sortir, respirer, crier... Mais je me suis retenue. Dans la rue, je n'y comprenais plus rien ou plutôt j'ai compris soudain que se jouait à cet instant ce qu'on appelle le destin. Je ne sais pas comment remercier Fouquet. Il m'apparaît maintenant lorsque j'écris mon journal que, dans cette vie urbaine, là maintenant, dans cette ville de Paris, entourée de siècles d'histoire et de bâtiments qui vous dominent de leur passé, j'ai reçu dans la poitrine un uppercut d'oxygène pur, un air cristallin qui venait de très haut, qui brûle les bronches, comme lorsque après le dernier coup de piolet planté sur une face qu'on escalade, on arrive enfin à un plateau et que là, tout en haut, on respire. Dans ma tête, je n'étais plus à Paris, je courais à perdre haleine en hurlant de joie. Le reste de la journée s'est enchaîné dans une fébrilité confuse qui nimbe mes souvenirs d'un flou heureux.

J'ai vingt-quatre ans, l'impression que tout commence.

Ce matin, au café, j'ai voulu prévenir Maurice Dufresne, un autre de mes professeurs. Je lui ai expliqué que j'allais rejoindre Le Corbusier pour travailler avec lui. Cette fois, c'est lui qui se défait : « Vous allez vous dessécher », m'a-t-il déclaré avant de rajouter : « Vous étiez si bien partie. » Quelque chose me dit que Dufresne n'est plus contemporain de l'époque.

Octobre

Je viens d'annoncer à Percy ma nouvelle mission. Il me regarde et me sourit. Nous comprenons tous les deux en silence, dans le début d'ivresse qui monte après nos premiers verres de vin rouge, que chaque succès, chaque étape de ce qui commence, va œuvrer à nous éloigner inexorablement, et que la jeune fille qu'il a épousée en rouge devient sous ses yeux quelqu'un d'autre. Percy, mon cher Percy, compagnon de liberté, je serai loyale avec toi. Tu le seras avec moi. Et nous verrons.

Au 35 Sèvres

En guise de baptême, Corbu m'a fait visiter la villa La Roche pour y penser l'équipement mobilier. J'ai presque autant le cœur battant que lorsque je suis allée pour la première fois me présenter au 35 Sèvres. J'ai bien conscience que je suis au cœur du message de Corbu. Un message architectural, une manière de vivre, bien au-delà d'une simple commande, car

Raoul La Roche est un ami de Corbu. Ils partagent les mêmes goûts pour le vide, l'espace, la haine du superflu. Ici, règne un rationnel lyrique. Les couleurs présentes, la double hauteur de l'entrée signent un manifeste, célèbrent malgré tout quelque chose de plus vaste que la stricte nécessité. Corbu a branché le gramophone et les cantates de Bach se sont élevées au sein de cet espace, métaphore musicale de la beauté mathématique d'un certain nombre d'or. Corbu me crie par-dessus les notes : « L'architecture est musicale ! » Je fais oui de la tête. Décidément, Corbu aime les chapelles et se voit en grand prêtre de sa religion. Il y a du sacré dans sa vision, dans sa façon de laisser un mystère habiter ce vide. Bien sûr, je suis tombée comme une mouche dans une sorte d'envoûtement des lieux et du maître. Leçon d'humilité aussi pour moi qui dois m'inscrire dans cette proposition. Couleurs, formes, vide, fluidité, circulation, j'enregistre tout. Le corps est au centre de ma pensée. Comme en montagne, sur un lac, dans une forêt, trouver sa place.

Quelle est la juste hauteur de regard, celle de la main, celle de l'assise, celle d'une table ? L. C. me parle de la divine proportion, des tracés régulateurs, de la section d'or. Tout est là. Il ne s'agit pas de niveler, mais d'harmoniser. D'ailleurs, je me suis mise aux cours de mathématiques pour mieux comprendre ses théories.

Après la villa La Roche, j'ai droit à la visite de la villa Church à Ville-d'Avray. Et là, devant mes remarques, Corbu s'emporte : « L'architecture est fonctionnelle par définition, sinon qu'est-ce que c'est ? De la saloperie ! »

De retour à Paris, je regarde la ville qui m'entoure et parfois je pense que, oui, la saloperie est partout.

Février 1928

Je le sens, désormais le futur est de mon côté. D'ailleurs, je ne suis pas seule à le penser. Avec Dufresne, nous avons parlé de ce clivage entre académisme et renouveau, ce renouveau que nous représentons, moi et les autres. Ça le dérange. Ça les dérange. Il ne s'agit pas seulement d'un esprit nouveau, mais d'un combat que nous voulons mener contre les valeurs classiques qui font toujours autorité aujourd'hui. Comment ignorer le monde ? Il change. L'habitat d'aujourd'hui doit refléter ce changement. Nous avons décidé de créer cette « unité de choc » en réponse à l'obsolescence des anciens. René Herbst, Djo-Bourgeois, Jean Fouquet, Gérard Sandoz et Jean Puiforcat viennent de s'unir en un groupe dont l'avant-gardisme résiste face au passéisme du reste du Salon des artistes décorateurs. Un jour, Dufresne comprendra.

30 mai 1928

À repenser : mon croquis d'une chaise longue basculante que j'ai ébauchée au dos de *L'Argus de la presse.* Voir comment la développer à l'atelier rue de Sèvres.

1929

Deux ans avec eux. Déjà. Avec Corbu et Jeanneret et les autres au quotidien et il me semble seulement comprendre qu'il n'y a pas de formule toute faite. À la maison, il n'y a pas de formule toute faite non plus. Percy et moi sommes devenus frère et sœur. Pourquoi pas ? Je n'ai pas le temps d'en prendre ombrage. Mes tubes en acier me tiennent compagnie. Grâce à eux, j'imagine des sièges, des tubulures sensuelles qui ondoient au service du corps. Pierre Jeanneret m'accompagne dans toutes mes recherches, me surveille, m'encourage. Il ausculte mes études grandeur nature, nous parlons, échangeons sans cesse. Fraternité là encore ? Je ne sais pas, je n'ai pas de mot pour ça mais cela crée un lien plus fort que tout. Le soir, Corbu débarque au 35 et c'est la sentence. « Lorsque vous aurez fini vos enfantillages, on pourra vraiment travailler. » Très bien. Je vais lui montrer de quoi je suis capable.

Emporté les calques et dessins chez moi. Mon fidèle Labadie a fait des miracles pour les ossatures métalliques des prototypes. À leur retour du laquage, chromage ou nickelage, je suis bluffée par leur précision implacable. Au BHV, des ressorts, chez les tanneurs des peaux de poulains et de veaux mort-nés, pour la chaise longue de la toile de lin très forte que j'ai fait galonner de peau de porc façon Hermès. Chez le tapissier, j'ai fait réaliser le rembourrage du fauteuil grand confort. Chacun a apporté sa pierre à l'édifice. Étrange sentiment de retourner sur les pas de mes parents en quelque sorte. Tous les deux cousent et coupent des gilets blancs pour les fracs et les habits de mondains fortunés. Une question de mesure et de centimètres en somme, à l'instar de mes meubles, mais moi, je veux m'adresser au plus grand nombre, pas seulement aux riches élégants. Ce qui compte pour ma mère et pour moi ici, c'est cultiver le geste précis. Labadie, le tapissier, les fournisseurs, tous ont gravi les sept étages à pied pour apporter dans mon atelier de Saint-Sulpice de quoi assembler les sièges sur place. Pas question de subir une seconde de plus les sarcasmes de Corbu avant l'instant de la révélation. Pendant tout ce temps, a résonné dans ma tête, sur un ton presque rageur, le dicton savoyard entendu tant de fois pendant mon enfance : « Ce que tu fais, fais-le. » Même Percy, heureux enfin de participer d'une certaine façon à la vie du 35, est fier d'apporter une contribution sous forme de verres de vin et de café à ce grand mécano qui a envahi notre espace.

Voilà, la chaise longue de grand repos, aux lignes ergonomiques, belle sur son support, le fauteuil de visiteur avec son dossier basculant, le grand et le petit fauteuil confort en peau naturel, mes quatre « gestes » auquel j'ai ajouté un fauteuil tournant d'une tout autre facture pour ma salle à manger… Ils sont prêts. J'en suis fière. J'ai le cœur qui bat très fort. Au 35, ils se demandent ce que je fiche ? Ah ! Des enfantillages ! Ils vont voir. Je leur ai donné rendez-vous demain. Pour un verre. Sans rien leur dire. On verra. Je me sens forte. Il n'y a rien d'enfantin dans ce que je vois sous mes yeux. Puisque Corbu ne se montre que le soir et que mon « Bar sous le toit » m'a porté chance, ils auront la surprise demain soir, ici sous le toit.

Ce soir

Pas dormi de la nuit bien sûr. Tête de papier mâché, mais tellement excitée.

Corbu et Jeanneret n'étaient pas prévenus de ce qu'ils allaient découvrir. Je sentais pourtant que ce qui les attendait était fidèle à nos dessins, à notre éthique, à nos recherches. Leur surprise a été totale.

Percy vient de se coucher, un peu ivre et un peu jaloux, je crois. Je viens de fermer la porte derrière L. C. et P. J. et je peux me dire sans prétention : « Joli coup, ma petite ! » Toute la soirée, dans le regard de Jeanneret, j'ai lu la reconnaissance et un peu d'admiration, me semble-t-il. Il m'a beaucoup souri. M'a servi plusieurs fois du vin. Trop bu peut-être. Avec peu de mots, Jeanneret n'est vraiment pas du genre à déclamer ses impressions, j'ai vu qu'il appréciait. Chaud au cœur.

Corbu, ce fut une autre affaire. Après plusieurs remarques, il a fini par lâcher : « Ils sont coquets. » Chameau ! Du pur Corbu. Une langue que je sais maintenant comprendre. Je triomphe intérieurement. J'ai gagné. J'ai oublié Percy dans l'effervescence. Nous n'étions plus que nous trois, le trio du 35, et enfin je tenais devant moi la plus pure expression de mon langage, notre langage, de ce que je veux offrir au monde. Corbu a continué à tourner autour, sans rien dire. En fait, je crois qu'il ne sait pas faire simple, qu'il est empêtré dans son orgueil mais qu'au fond, tout au fond, il est admiratif. Je connais l'animal et je ne me laisserai pas impressionner. Pour ce soir, en tout cas, les cartes sont de mon côté.

5 septembre 1929

J'ai le papier devant moi : *Brevet d'invention du système de coulissement de la chaise longue basculante nº 672.824, demandé le 8 avril 1929 à 16 h 31 à Paris par Mme Scholefield née Perriand Charlotte et M. Charles-Édouard Jeanneret dit Le Corbusier & André, Pierre, Jeanneret. Délivré le 4 septembre 1929.*

C'est le brevet déposé pour le système de coulisse de ma chaise longue basculante. Percy classe les documents avec moi. Il me dit : « Charlotte, il est très important de tout garder, ta demande d'un côté, la réponse de l'autre. » *OK, Sir.* Il a rangé dans le bon dossier le double de mon courrier envoyé en avril : « J'ai décidé de ne prendre le brevet que pour la chaise longue. Je vous prierais de faire ressortir que le siège fonctionne par simple glissement et sans aucune mécanique, et ceci en passant par toutes les positions intermédiaires et, en particulier, par la position horizontale qui permet l'obtention d'un siège de repos ordinaire. »

Désenchantement

Personne ne veut éditer nos meubles. Les fabricants nous affirment que le public n'en veut pas. Trop tôt ? Idem pour les casiers de rangements même si Thonet a accepté de réaliser les prototypes pour le Salon des artistes décorateurs de 1929.

Quelque chose ne va pas. Contre l'époque qui n'est pas prête, nous ne sommes pas assez forts. Il faut se fédérer entre nous pour convaincre le système et vaincre les derniers conservatismes. Je viens de proposer l'idée à Herbst, Sandoz, Djo-Bourgeois, Fouquet, et Puiforcat d'élargir l'« unité de choc » créée l'année dernière à tous les créateurs modernes, tous les acteurs de nos métiers incluant les architectes, les photographes, les peintres, sculpteurs, graphistes… Une sorte de commando prêt pour la nouvelle édition du

Salon où nous occuperons un emplacement à part et groupé. Ils sont d'accord.

La réponse vient de tomber. C'est non. Ce maudit Comité des artistes décorateurs craint une sécession, un salon dans le salon, disent-ils. Qu'ils aillent au diable. On ne peut pas être radical sur le papier sans l'être dans nos vies n'est-ce pas ? Je travaille depuis trois ans à l'ombre de ceux qui incarnent tous les jours les valeurs pour lesquelles je milite.

Il faut partir. J'ai décidé de démissionner le cœur serré. Tous ont suivi. Sauf Djo-Bourgeois.

Au café, on a tenu une cellule de crise et refait le monde. Réfléchir à une nouvelle ligne qui illustre nos valeurs et notre vision. Une sorte de corporation, sans corporatisme, tolérante, fraternelle, ouverte aux autres métiers qui nous ressemblent. Je suis sortie épuisée et fébrile. Très beau soir de mai. J'ai été saisie de voir combien la nature frémissante, combien ce printemps biologique correspond également à notre printemps, une renaissance dans notre discipline. Un vent nouveau nous porte. Nous avons décidé de créer l'Union des artistes modernes. Il nous faut un président, un papa en somme, une figure d'autorité, Robert Mallet-Stevens a accepté, il assurera la présidence de notre mouvement. C'est sous l'acronyme UAM que nous exposerons l'année prochaine dans un contexte qui nous ressemble. Je prends conscience que j'ai quitté ma famille il y a quelques années maintenant, pour en créer une autre. Je suis membre fondateur de l'UAM. Union, Artiste, Moderne, trois mots qui sonnent comme les piliers de ma vie d'aujourd'hui.

Cela fait trois ans que je prends des photos. Elles remplacent de plus en plus mes croquis. Mon 6 × 9 ne me quitte pas. Avec Dora Maar, conversations à ce sujet. Je lui dis combien il faut cultiver l'œil en éventail. Elle m'a regardée d'un drôle d'air : « L'œil en éventail ? C'est-à-dire ? »

Regarder toute chose, des plus humbles aux plus précieuses, élargir sans cesse le spectre de son regard. L'œil ouvert comme un éventail. Dora d'accord avec moi, méditative.

Double vie

Je sens que ma loyauté, ma solidarité tend vers le 35, rue de Sèvres. Mon véritable foyer, Percy l'a anticipé, s'est établi à cette adresse. La religion Corbu me possède tout entière. Et visiblement, ils ont embrassé aussi la religion Perriand, au-delà de toutes mes espérances, puisque j'ai été accueillie presque aussitôt en tant qu'Associée à l'atelier pour l'équipement mobilier et les aménagements intérieurs. Pendant ce temps, je peaufine mon expérience de l'architecture auprès d'eux.

Dans la grande salle, un fil tendu tout le long du mur sert à accrocher nos dessins avec des pinces à linge. J'ai déjà remarqué que cet espace est glacial quand il fait froid – un seul poêle – et qu'on y crève lorsqu'il fait chaud. Tant pis. On ouvre les fenêtres qui donnent sur le patio du couvent. Alors, le chant des oiseaux célèbre une messe mystérieuse. Ce qui me plaît ici, c'est que tout semble obéir à ma façon de penser, décloisonnement, ouverture, communauté. Le courrier est déposé sur la table à dessin au vu et au su de tous, tout le monde peut le consulter. Il n'y a pas de bureau fermé, pas de huis clos. Je suis la seule femme, il n'y a que des hommes. Je m'entends bien avec Pierre, reste méfiante avec Corbu, même s'il est attachant derrière sa rudesse. L'atelier ne roule pas sur l'or alors tout le monde fait à peu près tout. Les jours d'urgence, lorsqu'il faut finir un projet, après le départ de Corbu, dès huit heures du soir on s'y met. Jeanneret reste presque toujours avec nous. J'aime beaucoup le petit Sakakura, un Japonais qui ne ménage ni ses heures, ni son enthousiasme. Il est formidable et les jours de charrette, un des vaillants soldats du bataillon que nous formons. Au petit matin, on se retrouve autour d'un café-tartines au Lutetia et on sait que Corbu va nous faire payer notre somnolence due au manque de sommeil, mais nous sommes soudés par une solidarité inébranlable.

Après trois ou quatre jours de charrette, toute l'équipe récupère pendant une semaine. Percy comprend de moins en moins quand il me voit arriver livide et exténuée, mais tellement heureuse, me plonger dans un sommeil interminable. Peut-être s'attendait-il à ce que ces nuits blanches rapportent des millions ? Non, on travaille tous pour trois fois rien. Les étudiants ne sont pas payés. On est occupé sur de nombreux projets, mais peu voient le jour. Corbu et Jeanneret nous montrent l'exemple. L'argent n'est pas la motivation première ici. J'ai plutôt le sentiment que nous sommes les défricheurs d'une nouvelle ère, de cet « esprit nouveau » dont leur pavillon de 1925 portait le nom. À moi d'y aménager l'intérieur, les meubles, les objets, l'usage. Cet usage du monde, j'aime y consacrer mes idées, mon énergie. C'est ce que P. J. et L. C. attendent de moi.

Pierre est un être magnifique. Un frère pour nous tous. Son supplément d'âme est notre allié. Il fait passer les messages avec doigté, il dessine tout, tout le temps, jusqu'au moindre détail. Il est discret, presque effacé, pourtant son autorité professionnelle est palpable. Je le vois comme le mécano de cette salle des machines qu'est le 35 Sèvres, le mécanicien de cet « esprit nouveau » dont nous sommes les rouages. D'ailleurs Corbu le plaisante parfois… Pierre est aussi minutieux sur la mécanique de son automobile Voisin que sur tout le reste.

1930

Notre UAM fait du bruit. Sous notre impulsion, le Salon des artistes décorateurs s'est réveillé et a invité l'avant-garde allemande, la Deutscher Werkbund. Succès. Le retentissement rejaillit sur notre groupe même si pour certains grincheux, Corbu, Jeanneret et moi sommes les hommes à abattre. On s'en fiche, on a mis dans le mille. J'apprends les honneurs et ses servitudes, assister au cocktail mortel d'ennui à l'ambassade d'Allemagne. Réception interminable. Envie de partir en courant. J'y ai rencontré Walter Gropius mais, surtout, j'ai un nouvel ami. Quelqu'un dont je sens qu'il le restera à vie, de ces amis comme seule parfois l'existence sait les placer sur votre chemin, immédiatement classés en alliés naturels. Il s'appelle Fernand Léger. Je marque cette soirée d'une pierre blanche. Léger s'ennuyait à cette réception, Jeanneret et moi aussi. On est parti avant la fin, ivres de bonheur et ivres tout court, à la recherche d'un café pour accueillir notre énergie. Je crois qu'on avait surtout envie de se changer les idées après cette réception. Dans les rues, on a erré toute la nuit. J'ai fini sur une poubelle en imitant un phoque battant des nageoires en poussant des cris. On s'est quitté au petit matin. Je viens de rentrer. Percy dort encore. Toute la soirée, Léger m'a appelée Petit Phoque.

18 décembre

Aujourd'hui, Corbu s'est marié avec Yvonne, sa « Von ». Je commence à tout savoir de leur histoire et de leurs manies. Chaque soir après l'atelier, Jeanneret et Corbu rejoignent Yvonne aux Deux Magots. Von a l'accent qui chante des rives de Méditerranée, tout de pastis et de garrigue. Ensuite, le trio dîne au Petit Saint-Benoît ou à La Pagode avant de regagner chacun leur étage, rue Jacob. Et moi parfois, je me joins à eux ou je rentre en flânant jusqu'à mon perchoir.

Pas du tout envie de rentrer certaines fois.

1931

Comment résumer les sentiments qui m'animent ? Par où commencer ? Je suis partie à la rencontre de nos rêves, au nom du 35 Sèvres. Corbu m'a avertie, je risquais d'être déçue. Aujourd'hui, plusieurs mois après avoir délaissé ce journal, je dois démêler les choses. En 1928, Corbu et Jeanneret ont reçu une énorme commande en provenance de l'ambassade de l'URSS : concevoir le bureau central des coopératives de Moscou – le Centrosoyouz. Autant dire que la Russie communiste a déboulé parmi nous en la personne d'un commissaire du peuple et celle d'un architecte. On nous a abreuvés de documents, photos et films. Avec Barkof, chargé de négocier avec le gouvernement français le pacte de non-agression franco-soviétique, nous sommes partis, Percy et moi, en excursion dans la forêt de Compiègne, dans des musées et même chez nous où je lui ai montré le savoir-vivre à la française tout en évoquant à demi-mot ses convictions.

Puis il a fallu faire le grand voyage vers Moscou. C'est moi qu'on a envoyée. Premier arrêt à Stuttgart puis Francfort et l'effroyable visite d'immeubles sociaux pour personnes âgées.

Et puis Berlin, les vitrines illuminées regorgeant de victuailles que des pauvres gens dans la rue ne peuvent s'offrir. Ce que j'ai vu crevait les yeux et le cœur.

Le soir même, chez mes amis communistes, une fois le déjeuner terminé, coup de sonnette à la porte. On attend quelqu'un ? Non. Ce sont eux encore, les pauvres, les affamés qui viennent poliment mendier les restes de repas. Des hommes, des femmes, des enfants. Immense malaise. Devant mon regard, une fois la porte fermée, mes amis expliquent : « Ils choisiront Hitler car il donne des uniformes à la jeunesse. »

Varsovie. Blancheur à perte de vue et forêt de bouleaux. Pensées qui divaguent sur la neige. Je me surprends à imaginer que Pierre aimerait être là. Je m'endors. Dans mon sommeil, je sens qu'on me tire par la manche. J'ouvre un œil tout de même. Une paysanne devant moi qui pointe mon sac. Je ne comprends rien. J'en sors un peu de chocolat et le lui donne. Elle le dévore en une seconde. Étrange réveil.

Moscou enfin. Aussitôt arrivée, je suis prise en charge par une accompagnatrice. Passer de Berlin à Moscou, un choc après l'autre. Dans la première, la rue crève de faim en admirant des magasins illuminés croulant de saucisses et de boudins. À Moscou, on rêve toujours de nourriture mais les magasins sont vides. Des camions hurlent par leurs haut-parleurs des slogans alors que la foule silencieuse se pousse pour laisser passer la circulation qui a tous les droits, ignorant un homme – saoul, mort ou endormi ? – dans un caniveau. Je me croyais montagnarde et habituée au froid, mais cela n'a rien à voir. Ici, on se traîne dans les rues et dans des bâtiments mal chauffés, on ne fait pas de sport, on ne s'oxygène pas donc on grelotte. J'ai eu froid tout le temps. Barkof m'a recommandée à quelqu'un qui appartient au comité central. Comme point de chute, cette personne m'a désigné un des trois lits superposés sur terre battue, son coin à elle étant séparé par une bibliothèque. À la coopérative, trois heures de queue pour du jambon et des petits pains. Je les ai dévorés comme jamais. Dans ce pays où je m'étais vue rencontrer mes rêves, je n'y comprends rien. L'un des occupants des lits superposés est un jeune militaire qui parle français. Il m'explique comment Tolstoï a été radié de tous les manuels et de la culture nationale, il me traduit les slogans absurdes, il m'explique comment la Russie pense d'abord à assurer sa défense plutôt qu'au confort du quotidien. « Tout est à refaire », dit-il. La visite d'un complexe universitaire m'a confirmé combien les principes d'une architecture rationaliste ont été mal assimilés, plaqués sans tenir compte des réels besoins des étudiants ou du personnel d'entretien. Ça ne pouvait pas marcher et le pire est que ça fournit des arguments en or pour condamner le modernisme au profit des archaïsmes. Malaise.

Paris

De retour à Paris. Le printemps est là. J'ai le sentiment d'être l'Ulysse de l'*Iliade*. Deux mois en voyage, une éternité. Je ne peux plus être la même. Je ne peux plus considérer la pensée communiste comme une pensée sœur. Ce voyage a été un réveil brutal.

Percy me fait payer mes deux mois d'absence. Il est froid, distant, veut écouter les détails de mon voyage puis se dérobe sous un prétexte ou un autre. Je le comprends. Moi-même, je n'ai qu'une envie, retourner à l'atelier.

La vie au 35 a repris, frénétique. Le soir, à Saint-Sulpice, j'ai la tête dans les nuages, distraite, ailleurs. Percy me regarde et me questionne. À quoi penses-tu ? Pas envie de parler mais je pourrais, comme le fait Corbu, répondre : « Oh à rien, à la petite fenêtre des chiottes qui s'organise mal. »

22 mai 1930

Dessiné en l'absence de Corbu un bâtiment préfabriqué d'une structure légère, métal, verre, bois et solomite. Un volume aéré pour servir de salle d'attente aux voyageurs à l'aéroport du Bourget. Jeanneret tellement encourageant, approuvant mes idées d'éléments normalisés à monter sur place.

J'attends le verdict de Corbu. Jeanneret aussi, je crois.

28 mai 1930

Corbu odieux, pas mécontent d'infliger à sa petite associée une leçon d'architecture. Démontant point par point mon hangar du Bourget. D'accord avec rien. Vexant, humiliant, blessant. But atteint : suis rentrée au perchoir de Saint-Sulpice ratatinée, l'orgueil dans les chaussettes. Mes motivations en morceaux. Bonne à rien. Couchée sans dîner comme une enfant triste.

1932

Majorque. N'être plus que cela, confondue avec les éléments. N'être plus qu'azur, que mer, que lumière. Se tenir entre eau et ciel, sur mon canoë. Dans cet habitacle parfait de bois verni, sous la coupole de bleu et de jaune, posée sur la Méditerranée, libre enfin. Voilà ce que j'ai ressenti aujourd'hui. Je suis universelle, terrienne, aérienne, tellurique, d'ici et d'ailleurs. Sur mon esquif je me promets d'embrasser la terre entière. J'y serai seule parce que libre. Il me semble que tout me parle. Je suis ici aussi à l'aise que dans ma chère montagne, en cordée, perchée sur les cimes, qu'immergée ou flottante sur les rives de la Méditerranée. Voilà ce que je me suis dit aujourd'hui pendant que je pagayais dans l'eau chaude et que derrière moi mes amis étaient à la traîne. J'ai enlevé mon maillot, je trace, nue et grillée de soleil, brunie et blondie, la peau salée. Le matin, je nage dans une eau de soie et ce frôlement liquide m'ensorcelle. Je n'attends que la tombée du jour pour retrouver ce glissement, lorsque nous nous baignons dans l'obscurité tiède et que là, dans le clapotis des vagues, je sais qu'il se passe quelque chose d'ancestral, de millénaire, que je dialogue avec une entité très vaste et qu'au sein de cet espace, il est bon d'habiter, de se mouvoir, d'être en paix.

Il y a quelques jours, nous avons failli tous y passer. Très grosse mer. Nos canoës qui chavirent les uns après les autres. Gagner le rivage en buvant tasses après tasses. Tous nous nous sommes regardés avec le sentiment d'avoir réchappé à quelque chose de fatal. Percy furieux. Le lendemain, grand ciel lavé comme une gouache fraîche, calme majestueux des eaux redevenues claires. Ne jamais perdre confiance en la nature.

C'est l'année dernière, après mon retour de Russie, que Percy et moi avions décidé de ce grand projet, faire le tour de l'île de Majorque aux Baléares en canoë. L'ambiance à la maison n'était plus la même. Il fallait faire quelque chose à deux. Je m'en suis un peu voulu de l'avoir laissé seul à Paris pendant deux mois.

Du coup, nous nous sommes entraînés en remplaçant nos balades en forêt par des descentes de rivière en kayak.

Et voilà, nous y sommes. Ici, sous le soleil éclatant, nous avons longé des falaises abruptes, des à-pics dans la mer, sur notre chemin vers Formentor, cap nord de l'île où les pins s'accrochent à la roche, à fleur de pente. Les oiseaux marins prennent leur élan sur les épaules du vent, suivant les courants ascendants au-dessus de nos têtes. Sur terre, tout semble rôtir au son des cigales. Sur mer, l'air immobile écrase tout avant le triomphe brutal de la chaleur de midi. C'est l'heure où notre groupe décide de faire une pause.

On a découvert la merveilleuse Cala d'Or. Un cirque de pins et de roches, une claque de soleil et de sécheresse. La mer implacable fait cligner des yeux. Des Majorquins nous ont accueillis hier soir avec une paella impromptue. On est dévoré de moustiques, mais quelle beauté ! Au petit matin, tout est neuf. Je reprends le rituel de mes bains d'aurore.

Ce matin sur mon kayak, je suis partie seule en pagayant vers ma liberté toute neuve. Percy m'a quittée hier. Il a décidé de ne pas poursuivre le voyage. En me laissant libre de partir avec lui ou pas. Tel un ultimatum. Je ne l'ai pas suivi. La tempête que nous avons essuyée avant-hier était-elle à l'image de notre couple qui chavire ? Peut-être. C'est donc moi qui le quitte. Au fond, c'était fait depuis longtemps, je crois. Et devant moi la liberté.

Ici, ivre d'air et de nature, tout peut recommencer. Mes amis n'en reviennent pas que je prenne la chose aussi calmement. Mais ils avaient compris tout de même que je suis trop indépendante pour un mariage. Et puis aimais-je vraiment cet homme ? Pas sûr au fond. Ça veut dire quoi aimer ? Être libres à deux ? Est-ce seulement possible ? Jusqu'où rester soi-même dans cet engrenage de compromis et de concessions ? Être seuls à deux ? Peut-être n'ai-je rien compris, mais cette chimie n'est pas pour moi, me semble-t-il. En tout cas, pas maintenant. Il y a d'autres urgences, d'autres choses à construire. J'aimerais en parler avec maman. Je viens d'aller poster une lettre pour lui annoncer notre séparation. Je ne sais pas ce qui adviendra à Paris à mon retour. Je m'en fiche. Il sera toujours temps d'y voir clair. Pour l'instant, cette rupture s'est passée sous le grand soleil, avec l'azur pour témoin et à chaque coup de pagaie je me jure que je garderai au cœur, quoi qu'il advienne, cette promesse de ciel bleu.

Cologne

La ville allemande a invité le 35 Sèvres à participer à une manifestation d'avant-garde sur le mobilier contemporain dans l'esprit du Bauhaus. C'est moi qu'on envoie, cheftaine de Sammer, Wanner et Sakakura qui m'accompagnent. J'aime ce parcours du monde et me promets d'explorer celui-ci autant que possible et de toutes les façons possibles. Depuis que je suis célibataire, je savoure ma liberté. C'est grisant et effrayant. Mais sais-je faire autrement ?

En traversant un pont sur le Rhin, à la tombée de la nuit, on a évoqué une baignade, là tout de suite, dans le fleuve. Wanner et Sammer qui s'y sont aventurés avant moi en sont sortis grelottant, en me recommandant de ne pas y aller. C'était mal me connaître ! Comme j'ai horreur de rentrer dans l'eau froide par les pieds, après avoir quitté mes vêtements, j'y ai plongé. C'était assez idiot de ma part de sous-estimer le courant. En nageant comme une folle, je suis sortie près d'un kilomètre plus loin. En courant dans la nuit, transie jusqu'aux os – heureusement personne aux alentours –, j'ai retrouvé mes amis. Ils m'ont tendu mes vêtements, inquiets et assez hilares. Moi aussi.

1932

135, boulevard du Montparnasse. « Eh, Petit Phoque, que fais-tu dans le quartier ? », je me suis retournée, c'était Fernand Léger. C'est le meilleur accueil que mon nouveau quartier pouvait me réserver. Je suis partie de la place Saint-Sulpice, sans un regard, sans un regret, en y laissant presque tout d'ailleurs, le bar sous le toit, la table extensible, mon phare de voiture, mes cartons à dessin. Percy reste dans l'appartement. Nous avons divorcé. J'ai trouvé un autre atelier à Montparnasse, un perchoir comme je les aime, éclairé par deux verrières, au dernier étage sans ascenseur. Rien que deux casseroles, deux assiettes, deux couverts, la couverture en peau de chat sauvage récupérée de l'exposition de 1929 et hop, envolé l'oiseau. L'atelier de Léger est rue Notre-Dame-des-Champs, mitoyen du mien. La vie est belle. Les soirs de fête, on fait les fous, en suspension aux deux anneaux de gymnastique que j'ai accrochés à une poutre. Je ne suis pas la dernière à m'y pendre, jupe par-dessus la tête. Ce nouveau lieu respire la joie. Sur le toit plat de l'immeuble voisin, je continue ma gym avec un *medecine-ball*. Pour y accéder, il faut passer par la lucarne du cabinet de toilette dont les W.-C. servent d'escabeau, un rétablissement spectaculaire au huitième étage au-dessus du vide et me voilà sur la toiture en zinc. J'entretiens ainsi mes capacités d'alpiniste.

Maman m'aide pour mon divorce et mon installation. Elle ne me demande rien. Pas d'explications. Elle me dit : « Ta joie de vivre te sauvera de tout, Charlotte. » Elle y est pour beaucoup. Dans ses yeux que de l'amour et sa présence active, aucun reproche. J'ai de la chance. Elle m'a répété qu'une de ses amies lui avait dit que je ne pourrais jamais me remarier car j'étais divorcée. J'ai pensé : « Ça me protégera. » Restriction de budget oblige, maman a le don d'anticiper mes besoins : un abonnement de train en 3e classe, une paire de skis...

Elle m'encourage à partir, à changer d'air, à embrasser ma liberté retrouvée. Montagne, sac à dos, ski le week-end avec les fous de glisse du 35 Sèvres. Je n'arrête pas. Pierre nous rejoint parfois. Corbu pas content, jaloux peut-être ? Avec Saka, on s'initie au ski de randonnée.

J'ai découvert la côte adriatique en été. Une minuscule maison dans les vignes et la mer pour moi seule. Le soir, je me soignais un peu, c'est-à-dire que je me dessalais et on me faisait fête au village. Renaissance.

Retour à Paris. Difficile de se soumettre à la discipline. Manque d'air.

Ce soir vers 6 heures

Corbu me demande de l'accompagner sur le chantier du Pavillon suisse de la Cité universitaire. Je note toutes ses remarques. Il explique, j'enregistre, j'observe, à l'écoute. Nous échangeons et je consigne tout ce qui se dit. Et puis, soudain, il s'arrête, me regarde : « Comment vivez-vous depuis votre divorce ? »

Tellement sonnée, je n'ai rien trouvé d'autre à lui répondre que : « Bien. » Il a enchaîné : « Aimez-vous les femmes ? Je pourrais le comprendre. » Alors là, j'ai été tentée de dire que ça ne le regardait pas. Et puis malgré moi, je lui ai répondu : « Bien sûr que non, quelle idée ! » De plus en plus mal à l'aise, je ne savais pas où tout cela allait aboutir.

Corbu est resté silencieux. Les mots qui venaient d'être prononcés flottaient encore devant nous. Gêne. Ce n'était pas à moi de poursuivre la séance de travail. J'ai attendu qu'il reprenne. Et au moment où je pensais qu'on allait se remettre en marche, il s'est retourné. On s'est retrouvé nez à nez : « Si vous avez toujours le projet de vous rendre en URSS, un grand garçon que je connais ne rêve que de vous. »

Je n'en revenais pas ! Je me doutais un peu de qui il s'agissait, mais je me suis lancée : « Un grand garçon, lequel ? Où ça ? », ai-je demandé en rougissant, je crois. Sa réponse a fusé : « Au 35 rue de Sèvres... Pierre, bien sûr ! Réfléchissez. »

Impossible de me concentrer ensuite. Le reste de la visite a été une catastrophe. Je n'écoutais plus rien. Il s'embrouillait dans ses explications et se retournait d'un coup, me foudroyant du regard, en me lâchant des : « Vous suivez ? » d'un air impatient. Je n'avais qu'une hâte, être seule avec moi-même.

Ce soir, dans ma retraite du septième ciel, j'ai bien besoin d'un verre pour me remettre.

Les jours suivants ont été compliqués. Moi qui savoure ma liberté toute neuve et qui avais décidé que rien ne me perturberait, qui étais résolue à me tenir à l'écart des turbulences amoureuses, voilà que ça se passe là, au 35 Sèvres, à l'exact inverse de toutes mes prédictions. Dans une gêne à couper au couteau, Pierre et moi gardons nos distances. Corbu fait l'aveugle. Les autres ne se doutent de rien. C'est insupportable. Tous les soirs, Pierre part le dernier rejoindre son appartement de la rue Jacob. Tous les soirs, j'ai l'impression qu'il attend quelque chose. Un signe, un regard. Je ne suis décidément pas faite pour les sous-entendus et je ne peux vraiment pas faire comme si Corbu ne m'avait rien dit.

Ce soir, je me suis lancée. J'ai laissé le studio se vider en m'attardant à ma table à dessin. Aucun espoir que Pierre parte le premier. Quand il n'est resté que nous deux, j'ai vu qu'il faisait mine d'être très occupé à sa table, près de la sortie. En partant, je me suis arrêtée devant lui, le cœur battant, et lui ai posé la question de but en blanc : « Corbu vous a-t-il fait part de notre entretien ? »

Pierre a répondu : « Oui. » Il a rajouté aussitôt : « Et alors ? », ce qui a déclenché chez moi une envie de dissiper tout malentendu.

« J'aime ma liberté », lui ai-je dit. Du tac au tac, il a répondu : « Moi aussi. » Nous sommes quittes.

À partir de là, je ne sais pas si c'est une bonne ou une mauvaise nouvelle.

Pierre vient de me raccompagner à Montparnasse. Tenter de tenir une conversation, gênés, troublés, moi marchant, lui poussant son vélo. Mais la glace est brisée. Il faut laisser agir le temps, je pense.

Juillet 1932

Corbu m'a demandé de m'occuper de l'aménagement de son nouvel appartement. J'en suis fière et angoissée. L'enjeu est de taille. Non seulement, il faut s'adapter mais pour Von et lui c'est un énorme changement. Ils passent de leur chère rue Jacob à la rue Nungesser-et-Coli, bien au-delà de la fin de l'avenue de Versailles, aux portes de Paris. Le 35 Sèvres y a réalisé un immeuble d'habitation. Corbu s'est gardé la toiture pour s'y aménager un lieu qui lui ressemble entièrement. Un toit terrasse et, en dessous, un espace distinct pour lui et pour elle, leur chambre commune et une zone franche, lieu pour la convivialité et l'accès au toit-terrasse et à la chambre indépendante. Chose étrange, pour leur lit, Corbu le veut anormalement élevé, à hauteur des mains. Une bizarrerie, mais je ne me vois pas en demander la raison à Corbu.

Juin 1933

Rapporté au 35 Sèvres mes découvertes et mes photos. Avec Pierre et Josep Lluis Sert, on regarde mes clichés d'intérieurs de maisons paysannes. Sert me dit : « Tu aimes l'architecture populaire et l'équipement paysan parce que tu aimes et que tu comprends le peuple. » C'est vrai, j'aime ces gens et leur modernité ancestrale.

Juillet 1933

Je participe au IVe Congrès international d'architecture moderne. Il a failli se tenir à Moscou mais le Comité des Soviets trahit en tout point la ligne d'une société moderne au profit de l'ancien régime. Nous ne sommes pas d'accord. Ce sera donc à Athènes. Et sur un bateau comme l'a suggéré Breuer. Josep Lluís Sert, Corbu, Pierre, Léger, Zervos, Moholy-Nagy et d'autres, entre Marseille et Athènes, nous réfléchissons à l'avenir d'un nouvel urbanisme. Comme Corbu sait si bien le faire, il a produit un discours éloquent et riche devant les ministres du gouvernement, le public et les congressistes réunis dans le jardin de l'École nationale polytechnique d'Athènes.

On est le 3 août. Il fait un temps éclatant. Le programme se poursuit par six jours dans les Cyclades, mais j'ai déjà décidé de faire le tour du Péloponnèse et l'ascension du Taygète : 2 420 mètres. Je ne peux pas résister. Il faut que j'escalade. J'ai tout mon équipement dans mes bagages. Lorsque j'ai voulu parler à

Corbu ces derniers temps de Pierre et moi, il ne m'a même pas laissé finir : « Je ne suis pas votre nounou », a-t-il lâché. Lui qui aime ouvrir les espaces pour y vivre, il adore barrer la route à la parole.

Éleusis et Épidaure

Sur l'eau des Baléares, Percy m'a quittée. À Éleusis, dans celle du golfe Saronique, nous avons nagé, Pierre et moi, à l'aube. Quelle splendeur !

Drôle de retour des choses. Je repense à la toute première fois où j'ai frappé à la porte du 35 Sèvres, sans savoir que c'était lui qui m'avait accueillie. Pierre, toujours là. Et ce matin, tous les deux, que nous deux, loin de la rue de Sèvres, en silence, dans l'air du matin chargé des senteurs de la nuit, odeurs de résineux, de maquis, d'aromates, fendre ce drap liquide qu'est la mer à cette heure-là. Tiède comme une peau, si calme, endormie encore. Vers 6 heures du matin, elle n'est qu'à nous. On a glissé dans cette eau voluptueuse et ancestrale, côte à côte et au même rythme. Nous nous frôlons. Dans un même souffle et en silence, nager en ligne droite. Éternité.

Sur les gradins du théâtre d'Épidaure, même sentiment, cette fois en contact avec la masse minérale et inamovible de ce cirque de pierres. Dans un crépuscule millénaire où résonne chaque bruit, Pierre et moi, en communion avec le Tout, avec le ciel et la terre, pris dans cette grande Unité qui nous dépasse, entourés de la montagne piquée de pins, éblouis par tant de grandeur et de simplicité.

C'est dans cet état de ferveur, de communion totale que nous avons foulé la terre rocailleuse et fragrante qui me rappelle la Haute Provence. Mistra. Anavryti. Chaux blanche. Grèce byzantine. Chaleur extrême, source d'eau de montagne, bergers. On nous offre le gîte, un tapis de laine jeté sur les dalles de pierres. Au matin, un enfant nous apporte un petit verre d'eau et une tasse de cerises sucrées, confites dans leur jus. Puis trois heures de marche. Dans la montagne du Taygète, le maire de Sparte, venu là prendre ses quartiers d'été, nous attend avec une trentaine de ses amis. Délicieux agneau grillé et vin résiné. Chant et danse. Je suis heureuse. Sentiment d'avoir retrouvé là des amis de toujours.

Ascension jusqu'au sommet du mont Saint-Élie. Croisé un berger au visage d'une grande douceur. Majesté des paysans. Quatre minces troncs d'arbres soutiennent son campement où se mêlent brindilles et peaux de moutons sur pilotis. Suspendus sur chaque branche, le beurre à égoutter, le fromage, une casserole, sa houppelande. Une organisation sans faille pour vivre comme un roi. Georges, le président du club alpin qui nous accompagne, nous donne son nom : Efstratio Tavoulareas. Il nous a tendu à Pierre et moi, son beurre et son fromage pour la route, ses seules richesses. Nous l'avons regardé comme un pur.

Pour rejoindre le Pirée, tout a été beaucoup moins drôle et poétique. Peu importe, je ne veux me souvenir que de ces jours de grâce.

Avons retrouvé Léger, Corbu, Albert Jeanneret, le frère de Corbu. Ils étaient beaux, dorés, enchantés de leur balade dans les îles.

Pierre est tombé malade presque aussitôt. La fièvre de Malte.

Je suis restée auprès de lui dès notre débarquement à Marseille, alors que le reste de la troupe est reparti sauf deux jeunes architectes hollandais du congrès. Ils m'ont invitée à visiter Amsterdam pour un week-end. J'y suis allée, en poussant jusqu'à Rotterdam. L'usine de tabac de Van Nelle et sa rationalisation exemplaire du travail au service du confort des ouvriers m'a montré qu'il existe des exemples réussis. Crèche, garderie et tout un système d'aspiration des vapeurs de nicotine à la source pour épargner les travailleurs.

Leçon à retenir. À méditer.

1933-1934

Moscou encore. Je retourne sur mes pas. Deuxième voyage à Moscou. Je suis accompagnée de notre étudiant Sammer. Ici, on construit le métro dans le but d'égaler et pourquoi pas d'éblouir les pays capitalistes. Tous les marbres des palais détruits sont utilisés là. Jean Lurçat et Léon Moussignac sont à Moscou aussi, ils y donnent une conférence destinée aux étudiants en architecture. J'y cours.

Quelle n'a pas été ma stupeur ! Corbu a été mis en question, attaqué, critiqué, caricaturé par Lurçat, revendiquant son propre communisme au détriment d'un Corbu au service des riches, un architecte capitaliste en somme. Scandaleux. Amalgame mensonger. Pendant la session de questions-réponses qui a suivi, je me suis lancée : « Quelle différence y a-t-il entre l'architecture communiste de Lurçat et celle de capitaliste de Corbu », ai-je demandé. Lurçat a répondu devant tout le monde : « Je ne suis pas ici pour répondre à la camarade Perriand, mais aux camarades russes ici présents. »

Mauvaise foi. Pure lâcheté. Allégeance à bas prix.

Dans la salle, que des hommes. Misogynie palpable. Moi seule de mon espèce. Semblant d'assimilation sous le mot « camarade ». Quelle farce !

Dans le train au retour

Mon convoi s'est arrêté à Vienne. C'était le 12 février. À Paris, le fascisme s'organise. J'ai appris ensuite que, ce jour-là, les manifestations antifascistes viennoises s'accompagnaient d'une grève générale en guise de résistance. Les travailleurs voulaient contrer le fascisme. Au prix de leur vie.

Mon train a été bloqué en gare. Et moi dedans. Alors que je ne rêvais que de rejoindre les miens, d'être à Paris, d'autres se battaient pour lutter contre une idéologie qui fait peur. Depuis mon retour, je rumine ce deuxième voyage en URSS et la brutalité de la prise de conscience qui l'accompagne. Pour une fois, j'ai l'impression amère que je ne suis pas au bon endroit. Si je m'étais totalement fourvoyée ?

Été 1934

Avec Pierre. Au bord de la mer. Partir le samedi tous les deux, en voiture. Ivres d'air et de lumière, tout droit vers la Normandie, vers Dieppe. Collection de galets ramassés sur les plages. Comme deux enfants. Insouciants. Pour combien de temps ? Pris de vitesse par la nuit – si heureux qu'on oublie tout –, vers 11 heures. On repart, on s'arrête en rase campagne, exténués de grand air, rompus, tannés par le soleil et l'iode. On quitte la voiture, on s'endort à la belle étoile sur des meules de foin, au milieu de nulle part. Rien ne peut nous arriver, dis-je et Pierre répond : « À part les araignées. » Je ris. On repart à l'aube, vers 5 heures et demie, pour arriver au 35 Sèvres juste à l'heure, le lundi. Fourbus, complices.

1935

À l'angle de la rue des Ciseaux et du boulevard Saint-Germain, j'ai trouvé enfin l'endroit où faire réaliser mon fauteuil idéal. Les meubles en métal fabriqués par Thonet ne se vendent pas. Ici, je tombe sur des fauteuils parfaits, en paille et bois tourné, à des prix abordables. Rien de plus compliqué que de mettre en œuvre la modestie. Entièrement faits à la main, ils sont éblouissants d'humilité et de robustesse. Finitions et proportions parfaites. Comme on refuse de me donner les coordonnées du fabricant, je suis revenue en apportant mes plans. Deux mois plus tard, le résultat est arrivé. Impeccable. C'est la parfaite adaptation en paille et bois de mon fauteuil à dossier basculant de 1928. J'ai appris que c'était un détenu qui l'avait fabriqué. J'espère qu'il s'est fait plaisir. Ces fauteuils évoquent la caresse de la main, le goût de la belle ouvrage, me rappellent la simplicité efficace des intérieurs grecs, des sièges paysans aux Baléares ou ceux de mes bergers savoyards.

Pierre Chareau en voyant mon fauteuil m'a dit : « Voyons, Charlotte ! » Mais moi, la tête dure, je veux lui prouver que la perfection ne coûte rien. Fernand Léger l'a choisi pour se reposer. Triomphe intime. Jubilation.

Pauvre idiote

À l'université ouvrière, je suis les cours d'Henri Wallon : L'Organisation scientifique du travail. J'ai cru bien faire en oubliant mon collier à roulement à billes à Montparnasse et m'habillant d'un ciré noir pour me fondre dans le décor de cette école dans le XIXe arrondissement. Les cours se composent d'exposés magistraux et de discussions libres sur le sujet traité. La majorité des élèves sont des ouvriers, membres du parti et sympathisants, très au fait de la dialectique marxiste, possédant une manière de penser et de s'exprimer que je n'ai pas. Cet après-midi, j'ai confondu assez peu brillamment je dois dire la forme et le fond. On m'a regardée, un peu amusé mais un peu impatienté aussi. L'impression de s'entendre dire muettement : « Mais qu'est-ce que vient faire ici cette bourgeoise ? »

Me voilà de retour chez moi, penaude, à Montparnasse. Pour une fois, je me fais l'effet d'une coquette prise en flagrant délit de tourisme social. Cuisante leçon d'humilité.

André Chamson me demande d'écrire un texte pour son journal antifasciste *Vendredi*, dans la rubrique « la ménagère et son foyer ». J'ai envoyé ma prose sur le rangement et l'architecture en comparant des systèmes anciens et nouveaux, un buffet type faubourg Saint-Antoine et un mur où s'incorporent les rangements. J'y ai ajouté des croquis à réaliser soi-même puisque rien n'existe sur le marché. Assez fière de lire mes propositions noir sur blanc le 1er et le 22 mai. Et en même temps, constat navrant : la vingtaine de lectrices auprès desquelles j'ai fait un sondage avant d'écrire mon article répondent presque toutes la même chose à mes questions :

« Avez-vous une préférence pour un style ?

— Je n'aime pas le moderne

— Pourquoi n'aimez-vous pas le moderne ?

— C'est "caisse à savon", ce n'est pas joli. Je préfère une belle commode Louis XV ou Directoire, le galbe est beau. Il n'y a pas d'art dans le moderne. L'art moderne est une décadence.

— Ne croyez-vous pas que nos pièces sont trop encombrées ?

— Une grande armoire paysanne c'est beau, elle présente l'avantage d'un grand placard.

— Mais que diriez-vous si à la place d'une armoire, d'une commode, d'un chiffonnier… on couvrait toute la surface du mur avec des casiers bien équipés contenant des tiroirs à portée d'œil et de main ?

— Ils auraient l'air de classeur dans un bureau… »

1936

Le gouvernement de Léon Blum a fait voter des résolutions sur les conventions collectives, les congés payés, la semaine des quarante heures. Ça veut dire que les Français vont enfin peut-être aimer la nature ?

La revue *Architecture* d'aujourd'hui organise un concours destiné à être présenté au salon des Arts ménagers. Les pistes : une maison de week-end au bord de l'eau, une cité de week-end située dans la presqu'île de La Cride dans le Var et un chalet refuge à deux mille mètres d'altitude. On dirait presque qu'ils n'ont pensé qu'à moi tant il s'agit de mes passions. Ma pratique des descentes de rivières et du kayak me permet d'explorer une autre perception en imaginant une maison vue de l'eau et non de la terre. Montée sur pilotis, je l'ai conçue en deux longues cases à portes basculantes formant abri sur la terrasse, la protégeant de la pluie et du soleil, autour d'un espace barbecue en axe central. Le plongeoir permet lui d'être relié à l'eau en un saut. Cette construction éphémère et démontable s'éloigne des constructions traditionnelles des résidences secondaires au profit d'une immersion totale au sein des éléments naturels environnants. On verra ce qu'en pensera le jury. Un jour peut-être ferai-je construire un de ces projets.

Je travaille à la conception d'un refuge bivouac de montagne avec Jeanneret, en réaction au refuge Vallot dans le Mont-Blanc qui ne tient aucun compte des conditions de montage en haute montagne, une aberration. C'est l'ingénieur en aluminium André

Tournon qui va nous aider. Je l'ai rencontré au pied des rochers de Fontainebleau, en pleine randonnée. L'autre jour, j'y ai photographié un rocher extraordinaire que nous avons voulu rapporter avec Pierre. Pas de chance, nous étions sur une propriété privée et les propriétaires nous ont surpris en train d'essayer de tracter cette énorme masse dans un sac à dos. Tournon est dingue, un casse-cou bourré d'énergie, assez incontrôlable mais follement sympathique. Dans le train pour Fontainebleau, il a semé la pagaille. S'est mis, au risque d'un accident fatal, à décrocher les panneaux du Paris-Nice qui nous doublait. Un fou. Il aime les blondes – les filles pas les cigarettes –, mais ne tombe que des brunes. Nous sommes devenus amis. C'est lui qui a pris part au montage du refuge Vallot, donc il a été aux premières loges de cette ânerie. Il m'a raconté que des porteurs de Chamonix avaient dû monter des panneaux de quatre-vingts kilos et de cinq mètres de long avec une prise au vent dangereuse pour eux. Les miens ne dépassent pas deux mètres cinquante de long et quarante kilos. On va expérimenter le refuge au mont Joly, dans ma chère Haute-Savoie.

Avec Corbu et Jeanneret, j'ai conçu également une cabine sanitaire destinée aux hôtels d'altitude, préfabriquée, de petite volumétrie, facilement nettoyable, douche-lavabo, et un w.-c. qui combine usage à la turque et abattant réglable pour femme enceinte ou personne handicapée, relevable, très mécanique. Si j'étais un homme, je me demande s'ils me confieraient autre chose ?

Los amigos

Mon ami Josep Lluís Sert pris dans le tourbillon de la guerre civile espagnole est sur la liste noire des anarchistes. De justesse, il a réussi à sauver du saccage certaines pièces d'art sacré de son pays dont il a fait une exposition bouleversante au pavillon du Jeu de Paume. Avec sa fiancée Muncha, ils se sont installés chez moi à Montparnasse, dans ma toute petite chambre sous les toits. Suis heureuse de les avoir ici. Pierre nous a rejoints, délaissant plus ou moins sa tanière de la rue Jacob. Sa présence calme, désintéressée, chaleureuse me fait du bien. Léger et sa carrure de grand ours nous visite en voisin. Nos petits déjeuners sont bruyants, vivants et gourmands. Café au lait, tartines grillées. Léger y ajoute sa pomme normande rituelle. Parfois, il vient avec Simone, la femme dont il est fou et son exact contraire ; Simone Hermant d'Anvers qu'il surnomme Bijou, raffinée, agile, aussi vive qu'un merle. Josep Lluís Sert, qu'on appelle tous Pepet dont le sang catalan bouillonne est inséparable de sa minuscule Muncha. Et nous voilà tous les six en train de refaire le monde avant que chacun parte vers sa journée. C'est alors la délicate Muncha qui prend la maison en main. Pierre et moi filons au 35. Sert se rend tous les jours à la Madeleine, à la Maison du tourisme espagnol, devenue plaque tournante de la résistance républicaine. Il y récolte des photos de reporters et de correspondants de guerre. C'est Muncha qui nous fait savoir à quelle heure la bande se retrouve. Au Flore, on a rejoint Picasso. Sert construit le Pavillon de la République espagnole pour l'expo de 1937. Picasso travaille à une toile fresque, *Guernica*, les horreurs de Franco, et Miró sur un grand format qui sera exposé sous la verrière du premier étage tandis que Calder produit un important mobile sur un bassin.

Hier, des Espagnols de passage sont venus à la maison apporter des nouvelles du pays. Muncha nous a préparé une tortilla. Demain, c'est le tour de Léger de cuisiner le dîner. Avec lui, c'est forcément de la viande rouge et des frites. Il pense que le monde entier ne se nourrit que comme lui, cet ogre.

Lors du dîner organisé par Sert pour le retour de Perse de Gabriel Guévrékian, Léger qui s'ennuyait – nous aussi je dois dire – s'est mis à raconter sa journée passée dans le Sentier ; des petits riens, des anecdotes, des images, bref des bricoles qui font tout le sel de ses histoires. On voit tout ce qu'il raconte, on est avec lui, c'est drôle, piqué, vivant. Je l'adore. Quel ami fantastique. Il est comme Cendrars, deux types à faire rêver, nous le cul sur une chaise autour d'une table de bistrot à les écouter et soudain l'exotisme est à Paris. Au milieu de son récit, il s'est arrêté, a fixé tout le monde en silence, puis en me regardant a lâché : « Et toi, tu suis toujours, Petit Phoque ? », ce qui bien sûr a déclenché l'hilarité générale.

Il y a trois jours, Pepet nous a emmenés voir une pièce de Lorca, *Noces de sang*, jouée par des comédiens amateurs. Très fort.

Le lendemain, tous allés voir *La Naissance d'une cité* de Jean-Richard Bloch, un grand spectacle populaire au Vel'd'Hiv en collaboration avec les Auberges de jeunesse, Camping et Culture, Amicale moto, Jeunesse communistes, l'Union des jeunes filles de France, sur une musique d'Honegger et Darius Millaud. C'est Léger qui a réalisé les décors. Hauts en couleur. C'est fou ce qu'on peut accomplir en communion.

Au 35 Sèvres, Pierre et moi, rapportons de nos excursions des trésors glanés çà et là, sur les plages, au bord des routes. Galets, bouts de godasses, de balais, de bois, flottés, troués, polis, roulés, ennoblis par la mer. Léger adore se pencher sur nos trésors. On fait le tri, on en photographie certains pour constituer notre inventaire d'art brut. Si j'étais sculpteur, j'en serais morte de jalousie. L'autre dimanche, nous sommes partis dans des entrepôts de récupération, en nous arrêtant avant dans une décharge. On y cherche des formes inattendues rassemblées par le hasard du temps et de l'accumulation. On rapporte un butin dont personne ne voudrait, sans prix à nos yeux.

J'ai pu convaincre Sert et Muncha de nous suivre une fois dans nos randonnées dans la forêt de Fontainebleau. Léger aussi. Mais personne ne veut réitérer. Sert veut discuter, Muncha vacille, Léger ne veut pas se séparer de sa bouteille de calva. Vingt-trois kilomètres pour des citadins non entraînés... ils jurent qu'on ne les y reprendra plus. Pierre et moi toujours jubilants en pleine nature, les poches pleines de cailloux et de feuilles mortes. Nous sommes des glaneurs de beauté.

Dimanche dernier, on a bien failli ne plus jamais pouvoir se relever avec Pierre parce qu'on a voulu rapporter un énorme grès de cinquante kilos magnifiquement modelé par le vent, déniché dans la carrière de Bourron. Nous sommes fous.

Noël 1936

Il fait un froid bleu. Les journées sont courtes, mais quelle paix dans mes montagnes. Pierre m'a accompagnée. À la mairie de Saint-Nicolas-de-Véroce, je fais des démarches pour pouvoir implanter mon refuge bivouac à la Croix du mont Joly. Noël a été fêté dans la famille de Pierre, à Genève. Son frère est venu nous chercher à la frontière suisse. Je me suis habillée en tenue de ski. Normal, me semble-t-il. Pierre ne me dit rien, mais son frère me demande où est ma valise. Quelle valise ? Non, bien sûr, je n'en ai pas à part mon petit sac de voyage. Nous ne partageons pas tout à fait la même idée de la montagne, je m'en aperçois lorsqu'il me précise qu'il faut une robe du soir pour les festivités familiales. Horreur ! Je n'en ai même pas à Paris. À partir de là, j'aurais préféré rentrer sous terre. Je pénètre dans cette belle demeure bourgeoise en rasant les murs, toujours dans ma tenue de ski. On me conduit dans ma chambre. J'entends déjà l'écho de la fête qui bat son plein. Madeleine, la sœur de Pierre, frappe à ma porte pour me souhaiter la bienvenue. « Chère Charlotte, je suis ravie de vous rencontrer. J'ai pensé que cette robe pourrait vous être agréable ce soir. » Que de civilité de la part de cette jeune femme qui trouve le moyen le plus sympathique de me dire de changer de nippes. Pierre ou son frère ont dû intercéder pour que je n'aie pas complètement l'air déplacé. Malheur, la robe est trop petite et je n'ai pas de chaussures autres que mes chaussons tyroliens. J'ai l'air ridicule. J'ai pris sur moi car toute la famille m'attendait et, outre le fait d'être attifée comme un as de pique, il n'aurait plus manqué que je les fasse attendre. Exquise politesse bourgeoise. Pas un regard de travers et la vieille maman de Pierre qui m'embrasse et me fait prendre place au premier rang à côté d'elle et de Pierre afin d'admirer le spectacle représenté par tous les petits-enfants. J'ai cru que le pire était passé, mais l'un d'eux a remarqué mes chaussons en les pointant du doigt. Silence gêné de la famille. Moi qui passe mon temps à anticiper tous les imprévus, dans mes projets et sur mes chantiers, il était bien sûr inutile de vouloir lutter. Se recroqueviller non plus. J'ai fini par faire un signe de réprobation au petit, ce qui bien sûr l'a fait fondre en larmes. Épreuve ! Lorsque nous, les grands, nous retirons dans une maison qui fait partie de la propriété afin d'y poursuivre le réveillon, j'emboîte le pas des mondanités et demande à certains s'ils vont skier pour le Nouvel An. Une fois encore, on me regarde comme si je débarquais d'une planète lointaine. On me répond : « À cheval, nous ferons du cheval. » Mais où avais-je donc la tête ! Il valait mieux que je me taise. Pierre me regardait, très décontracté, très amusé aussi. On a fini par éclater de rire en se cachant.

Pour Noël, Sert m'a offert en souvenir du Pavillon de la République espagnole, un splendide plateau d'osier utilisé par les porteurs de poissons de son pays et une éprouvette pleine de mercure de chez Deyrolle, vestige de la Fontaine de mercure de Calder exposée au Pavillon de l'Espagne républicaine.

L'Exposition internationale de Paris

Dans le pavillon de l'UAM, chacun des membres exposera. Nous sommes un seul et même groupe et il serait inenvisageable qu'il en soit autrement. Moi-même j'ai choisi d'y montrer mon siège à usage multiple déjà présenté au Salon des arts ménagers de 1936, une combinaison de sièges et de plateaux destinés à des salles d'attente dont l'idée m'était venue lors de mon travail au ministère de l'Agriculture.

28 février 1937

Lettre de Corbu adressée à Pierre et à moi : *Ce qui se passe depuis une année – l'année politique – dans nos rapports de travail et même d'amitié peut conduire à l'opposé de ce que vous cherchez. Vous cherchez à faire triompher les bonnes idées n'est-ce pas ? Pour y aboutir, vous avez le sentiment, clair et instinctif que ma personne doit prendre un autre rang que précédemment, et qu'en vertu des événements politiques, des droits impératifs vous sont nés ?...*

Pierre, qui est mon associé, tu t'es maintenant dressé contre moi, sourdement. Le prétexte est que je n'ai pas vos lumières politiques.

Corbu a cinquante ans. Corbu outré. Crise de confiance ? Doutes ? Jalousie ? Je ne sais pas. Je ne comprends pas cet état parce que je ne pense pas comme ça. Pierre et moi avons reçu ce matin cette lettre adressée à nous deux, signée Corbu. On nous reproche de trop soutenir le groupe 37, ce groupe d'élèves de fin d'études de l'école Boulle qui ont imaginé un ensemble d'utilité publique et auxquels se sont joints d'autres élèves des écoles professionnelles et techniques de la Ville de Paris. Les écoles des Arts appliqués, des Arts décoratifs, des Beaux-Arts et Boulle les appuient. Pierre et moi faisons office de mentors pour imaginer avec eux un Centre de la jeunesse pour les loisirs et la culture. L'idée de ce complexe permettant de multiplier et d'exercer plusieurs disciplines est venue de Pierre lors des manifestations des Fêtes de l'Huma.

Pourtant, il n'a jamais été question d'isoler Corbu, de le soustraire à nos plans. Mais le fait est là. Pierre et moi sommes consternés par cette lettre. Corbu nous reproche de jouer le jeu des jeunes de 1937, pour ne pas dire de jouer notre propre jeu. Il finit toujours par advenir ce qu'on redoute, n'est-ce pas. Corbu redoute-t-il la trahison des siens au point de l'inventer même si elle n'existe pas ? Peut-être. Sentiment d'injustice. Pénible impression d'assister à un règlement de compte qui n'a finalement rien à voir avec moi.

Agir

Il fallait prendre une décision. Le temps de me rendre au Lutetia pour réfléchir devant un café, sur le trottoir de la rue de Sèvres, et mes idées sont devenues aussitôt limpides. Le cœur gros, la gorge serrée, je n'ai pas pu avaler mon café, mais je me suis dit que j'allais partir, quitter le 35 Sèvres. Inutile de dissiper le malentendu, je préfère passer à autre chose et ne plus laisser aucune prise au doute, à cette méfiance qui a l'air d'avoir pris le pouvoir dans la tête de Corbu.

Au 35 Sèvres, l'humeur sombre allait de pair avec celle de Pierre. De loin, on a échangé des regards muets. Que dire devant l'incompréhensible ? Par définition, la mauvaise foi est indiscutable. Nos plus de quinze ans de différence entre Corbu et moi pèsent peut-être dans cette lettre. J'appartiens à une autre génération. Il en a sans doute peur. Dans ma tête se bousculent tous les éléments dont je pense qu'ils président à l'envoi d'une telle lettre. Une partie de moi est tentée de le plaindre, une autre se révolte. Corbu, tu as l'âge de tes peurs.

Salut Corbu

Toute la journée est passée avec une infinie lenteur. Le pire m'attendait car le soir nous étions convenus de dîner avec sa mère dans le nouvel appartement de la rue Nungesser. Annuler et ajouter au malaise ? Y aller et prendre sur moi en gardant la tête haute ? C'est plutôt mon école. Après dix ans passés au 35 Sèvres, je connais la rudesse de Corbu. Mais lui va voir jusqu'au bout mon endurance à l'effort ce soir.

Je reviens de ce dîner de cauchemar. Jamais mon refuge sous le toit de Montparnasse ne m'a paru aussi enviable.

Silences et mastications pendant tout le dîner. Étrange impression de n'être déjà plus là, de ne plus faire partie de cette « famille ». Quelques minutes avant que nous partions pour ce maudit dîner, avant même que je ne lui dise un mot, Corbu a attaqué : « Allons, ne faites pas d'histoires », m'a-t-il lancé. J'ai répondu le cœur serré mais froid : « Non, Corbu, c'est fini. Il n'y aura pas d'histoires. Je quitte l'atelier. » Silence entre nous. Il m'a regardée et a demandé : « Et ça ne te fait rien ? — Non, ai-je répondu, ça ne me fait rien. Plus rien. »

Par une sorte de politesse, par un désir absurde de redevenir la jeune Perriand que j'ai été dix ans plus tôt, telle une fin de non-recevoir au bas d'une lettre de démission, et pour lui clouer le bec aussi, j'ai ajouté : « J'aurai pour ton travail beaucoup d'admiration Corbu mais pour l'homme, je ne sais pas. »

Avant le dîner chez sa mère, ça a jeté un froid bien sûr, mais je m'en fiche. J'ai décidé à cet instant-là que je n'avais plus rien à perdre et que ma fierté et ma franchise étaient la meilleure armure.

Fini les jeunes artistes qui se plaignent à moi que Corbu ne leur confie rien. Fini les plaintes de Corbu devant le travail qui soi-disant n'avance pas. Fini les remarques cinglantes.

Adieu couvent du 35. Ce soir je me défais de ta religion.

De l'air

Je viens de lire *Que ma joie demeure* de Jean Giono. Ce livre m'a bouleversée. Élan vers le ciel, communion avec le cosmos, projet communautaire en symbiose avec la nature, oxygène, faune et flore, nuits étoilées et petits matins givrés, hommes et femmes unis par le même respect d'une humilité que vous impose la nature, soumission à l'ordre céleste et tentative d'une organisation humaine collective, respectueuse, altruiste… tout y est. Tout me parle. Il m'a semblé durant toute la lecture que j'étais ces hommes, ces femmes, ces orages, ces lumières, ce blé vert et les cerfs, que j'étais moi-même sur ces hauts plateaux de Provence. Pierre me voit dévorer le livre. Je lui lis des passages à haute voix. Il écoute et soudain nous sentons tous les deux que c'est ce qu'il nous faut, un grand élan vers la nature, un voyage, une réoxygénation de notre vie, loin du 35 Sèvres et des solutions d'habitations pour y faire vivre des humains. Mon corps a besoin d'être en liberté. Mon esprit aussi. Je propose à Pierre un long parcours qui nous mènerait de la Yougoslavie au Contadour pour y rencontrer Giono et, de là, passer par mes chères montagnes. Il est d'accord.

Sur la route

À Kraljevica, nous nous sommes baignés dans les senteurs de thym et de lavande, dans une eau de lagon si chaude que dans la même journée se rafraîchir aux sources de montagne fait un bien fou. Nous sommes restés nus au soleil pendant des journées, libres et sans lendemain. À peine étions-nous arrivés que l'ami Delitch, médecin chef du dispensaire de la ville, nous a proposé de profiter de son bateau-hôpital pour rejoindre Trogir. L'Adriatique pendant des jours. Trésors de côtes sèches, de pierres blanches de sel. Des centaines d'îles, caillouteuses, brûlées de soleil et sans eau. Ravitaillement par bidon dans les villages. Visages des autochtones bruns comme des vieux fruits. Pierre et moi dormons en plein air, sur le pont. Même le prêtre qui nous a rejoints en route a lâché soutane et faux col pour ne vivre qu'en costume de bain. Il m'a fait comprendre que le bateau était sourd, muet et aveugle et que je pouvais continuer mes bains de soleil et mes longues nages nue.

Pêche miraculeuse

Soudain, le capitaine du bateau a voulu absolument s'offrir une orgie de fruits de mer. Il n'a aucun scrupule à exiger d'un petit bateau de pêcheurs qu'on nous livre sans attendre. Pierre et moi fous de bonheur. Je ne pense qu'à rêver. Découverte d'un fjord presque secret avec tout au fond une auberge nichée dans un site sauvage, les cigales pour seule conversation. Enchantement. L'endroit est désert. Mon bonheur est fait d'eau et de lumière.

Débarqués à Split, nous avons pris un bateau pour Dubrovnik. Après des jours sur la mer, c'est ici un dédale minéral. Nos pas résonnent dans le silence de midi. Quelques haltes sous les treilles qui ombrent la ville. Descendre ensuite jusqu'à Kotor, sur les rives de son grand golfe enchâssé par les montagnes.

Trois semaines passées sous un soleil glorieux.

Retour par la montagne suisse. Descente à Sierre, expédition de tous nos bagages superflus, remontée sac à dos par la vallée de Zinal, le glacier Durand, les cols de Valpelline, du Mont Brûlé, Collon, et par le Grand Combin, descente à la cabane de Valsorey. Là orgie de lait épais, de beurre jaune sur des tartines couvertes de myrtilles.

Le mauvais temps nous a surpris. Nous avons même eu de la neige. Pierre est reparti à Paris travailler, je continue vers la Haute-Provence, le corps et le cœur plein de son soleil.

Giono sans lui

Arrivée à Manosque, j'apprends que Giono est déjà parti. Par des petits chemins de pierres roulantes et blanches, assourdie de cigales, je le rejoins à pied au Contadour. Son entourage, une quinzaine d'intellectuels, se presse autour de Giono. Nous logeons dans une ancienne distillerie de lavande comportant une grande salle avec une cheminée. Le soir, lecture des textes du maître autour d'une table en fer à cheval. Au crépuscule, on distingue Giono, accroupi sous un arbre, mage du plateau et de la Provence tout entière, immobile jusqu'au début de la nuit lorsque le soleil se couche derrière le mont Ventoux. Il devise avec la peu sympathique Mme Daguerre. Les positions antifascistes de l'écrivain m'ont amenée ici. Trois jours durant, même scénario. Déception. Je me suis trompée, je croyais qu'on cheminerait ensemble, comme le héros de *Que ma joie demeure*, par les monts de Haute-Provence, en communion avec les mots mais aussi avec les éléments et les idées. Heureusement, Giono a transmis à son ami Pierre Brauman, un itinéraire à suivre ainsi que le nom des bergeries. Nous sommes partis à trois respirer un autre air. Et quel air ! Des causses et des garrigues suspendues en plein ciel, des plateaux et des vallées où seuls les moutons et leurs bergers animent de leur présence le grand silence de cette nature. Et puis retour au Contadour par Redortiers. Adieu à Giono. Sans lui, sur ses terres, j'ai été mille fois plus avec lui. Au dernier moment, cadeau ultime, Giono m'a offert le manuscrit d'une nouvelle titrée *Belle Terre inconnue*. Petit talisman couvert de ratures et de retouches, signé de sa main. J'ai reçu ce message en disciple. *Belle Terre inconnue*, écrit-il… en effet, il me reste tant à découvrir. Rapporté ce manuscrit comme un trésor. Hâte de le montrer à Pierre.

Les tables de la liberté

Je le réalise seulement maintenant, quitter Corbu est une libération. Je vais dessiner mes premières tables de forme libre pour faire chanter l'espace. C'est Pierre qui m'a fourni les premiers matériaux, les madriers de sapin provenant du Pavillon des Temps nouveaux de l'exposition de 1937. Lorsqu'il a vu mes dessins et comme je lui expliquais que je voulais concevoir une table adaptable, changeante au gré du nombre de personnes qui l'entourent et de sa fonction, il m'a regardée et m'a dit : « Un peu comme toi, non ? » Moi, c'est la liberté qui m'intéresse.

Le concept a du succès. Jean-Richard Bloch, rédacteur en chef du journal *Ce soir* vient de m'en commander une. Il en a assez du grand plateau rectangulaire pour réunir sa douzaine de collaborateurs. Sur un papier, j'ai placé Bloch, sur un fauteuil tournant, au centre, et, par rayons convergents, j'ai réparti ses douze collaborateurs face à lui. Ainsi tout le monde peut se voir. Cela aboutit à une forme de boomerang très organique, monté sur trois pieds. Rien sur la table, tout est caché dans un classeur et un coffre suspendus. J'ai ajouté une table basse à l'ensemble dont le plateau est composé de motifs, reproduisant des lithos de Picasso extraites de *Songe et Mensonge de Franco* qu'il vient de dessiner en même temps que le manifeste de *Guernica*. Picasso les a signées, j'ai obtenu son autorisation de les reproduire. Il m'avait donné rendez-vous rue des Grands-Augustins. Devant la porte, j'ai trouvé un empilement d'appareils photo, de trépieds, de projecteurs. J'ai sonné, mais pas de réponse. Dommage. Je me suis dit que je m'étais trompée d'horaire. À petits pas, j'ai rebroussé chemin et traversé la cour. Alors, j'ai entendu : « Psssst, psssst », au-dessus de ma tête. J'ai levé les yeux, c'était lui à sa fenêtre, me faisant signe de remonter en silence. Il se cachait. Depuis l'aube, les journalistes attendaient, mais il ne voulait pas leur répondre.

Décembre 1938

Les troupes de Franco ont attaqué la Catalogne. Josep Lluís Sert prépare une exposition Picasso à Londres pour soutenir l'Espagne républicaine.

Jusqu'à quand les artistes pourront-ils faire front ?

Sert et Muncha doivent quitter Paris aussi. Avant leur départ, ils ont tenu à se marier. Ils nous ont choisis, Pierre et moi, comme témoins. C'était avant-hier à la mairie, sur la place Saint-Sulpice. J'avais mis ma tenue de cérémonie. Un corset en peau de chat sauvage que Muncha avait ajusté spécialement pour moi, mon collier à roulement à billes et une jupe en satin cuir blanc. Pierre était dans son costume comme d'habitude. Place Saint-Sulpice, j'ai levé les yeux vers mon ancien perchoir, là où tout s'est joué près de dix ans plus tôt. Je ne sais pas si Percy y habite encore. Je ne sais pas ce qu'est devenu le bar sous le toit et toutes les affaires que j'y ai laissées après notre divorce. Au moment où la guerre approche et que tout le monde fuit, Percy est-il déjà parti lui aussi, comme il a fui notre mariage… à moins que ce ne soit moi. Et moi ? Où vais-je me mettre à l'abri ? Je rejoindrai mes montagnes, je crois.

Sert et Muncha sont venus nous voir hier pour un dernier adieu. Ils partent à Cuba et de là en Amérique. Ils nous ont montré sur la carte cette île minuscule et nous ont dit de les rejoindre là-bas. Gorges serrées. Embrassades. Grands espoirs et grande tristesse. Froid à l'âme.

En montagne

Je dors dans une pièce sans électricité, séparée de l'étable par des lattes de sapin brutes à peine jointives. La façade est isolée par du foin entre deux planches, munie d'une porte et d'une petite fenêtre ; un mur mitoyen chaulé de blanc, le sol en terre battue, un vieux poêle cuisinière muni d'un grand tuyau déployé pour chauffer la pièce. De l'autre côté, il y a la présence chaude, à peine remuante, des vaches dont les cloches tintent faiblement et dont le doux frottement des flancs contre les madriers de l'étable chuchote quelque chose d'intime et de rassurant. Je suis comme une enfant dans cet espace restreint, organisé selon la stricte nécessité, à proximité de la chaleur animale. La source nourricière est là, derrière la cloison. Le vieux Pépé qui m'a loué cette pièce vient traire « ses filles » tous les matins vers quatre heures, m'obligeant ainsi à me lever moi aussi, et goûter l'aube comme un grand lavement visuel. J'ai fait un retour sur ce d'où je viens, la montagne, un retour à l'humilité, un retour à mon amour de l'espace et de la lumière et à la nécessité de protection. Il m'apparaît évident ce soir, comme lorsque je trouve le temps de m'isoler pour compléter ce journal décousu, qu'il y a là l'envie à la fois de se soustraire au monde et de prendre des forces avant de l'affronter. Car il va bien falloir. L'avenir est sombre. J'ai peur. La guerre nous encercle.

Pépé m'apporte chaque jour ma ration de lait frais. Je fais ma toilette dans un bassin en pierre alimenté par de l'eau de source. Au loin, les dômes de Miage s'élèvent dans le massif du Mont-Blanc. L'air est si léger.

18 mai 1939

Écrit à Sert et Muncha à La Havane. Ce serait tellement bien si Pierre et moi réussissions à partir :

Mes jolis chatons,

Je suis heureuse d'avoir de vos nouvelles, vous n'avez aucune idée comme vous me manquez. J'aimerais vraiment vous retrouver. Alors, vous voulez vraiment partir en USA et c'est là qu'il faudrait vous rejoindre ? Je me renseigne déjà auprès de mon ami Can sur les cargos pour le golfe de Mexico et trouver ainsi le moyen de vous rejoindre dans ces parages. Nous n'avons plus un radis… L'État ratisse tous ses concitoyens… Les crédits sont morts, à moins d'inventer un joli joujou servant éventuellement la guerre… Mais les crèches, les écoles, les habitations… « la Ville radieuse », des clous. On n'a pas idée de s'occuper à des choses présentant si peu d'actualité ! De sorte qu'on travaillote, juste de quoi se nourrir, se loger au jour le jour – c'est infect… Sert, si tu vas en USA, et si tu y restes six mois, envoie-moi de suite, si tu le peux, une adresse où je pourrai t'envoyer tout le dossier des meubles (pour de vrai), des petites maisons-refuges démontables, etc., te chargeant de la mission de les vendre aux Américains, c'est-à-dire vendre le modèle, afin de réunir le plus d'argent le plus rapidement ce qui nous permettrait de venir vous rejoindre – c'est uniquement une question d'argent et de trouver du travail – le reste de l'Europe, j'en ai marre.

Pierre me rejoint chaque fin de semaine. Je mijote de travailler en montagne. Je me sens si intégrée ici.

Est-ce la même idée de se protéger du monde qui m'a fait aménager ce nid perché autour d'un fût central dans le chalet Le Vieux Matelot à Saint-Nicolas-de-Véroce, annexe de l'hôtel Crêt des neiges ? C'est un perchoir pour deux, au milieu du salon. Il faut être agile et souple pour réussir à s'enrouler autour du mât et se percher là, isolé des autres, dans ce cockpit. J'aime l'idée que ce lieu puisse recueillir des confidences, des messes basses, des secrets ou un temps de silence. Ma litière faite de planches et de couvertures adossée à l'étable ou ce perchoir dans le chalet découlent de la même idée au fond, se retrancher pour un temps, à proximité de la chaleur humaine ou animale, se retirer dans un territoire fermé, perméable au monde mais filtré de ses nuisances. Et y dormir en paix.

Lettre de Sert du 26 juin

> *New York est quand même une chose qu'il faut voir et bien connaître. Ça vaut la peine et le voyage. La ville est faite à une autre échelle, elle accumule les erreurs, mais c'est ici qu'on a donné le premier pas dans les solutions techniquement modernes. Et les nouvelles autostrades et les nouveaux ponts annoncent une ère de réalisations pour un proche avenir.*

Les rejoindre bientôt, j'espère.

1er août 1939

Pierre. Sa présence. Son calme. Nous partons faire du vélo. Seule façon de calmer nos nerfs en pelote. Sinon, ce sont des heures de marche jusqu'à épuisement. Les nouvelles de la guerre sont de pire en pire. Les marmottes et les lièvres des neiges s'en fichent totalement.

23 août 1939

Signature du pacte germano-soviétique. Retour à Paris. En finir avec l'alignement sur Moscou. Cette nation que je voulais exemplaire trahit le communisme. Carte rendue. Sentiment d'un gigantesque malentendu. Se sentir encore plus seul quand une idéologie vous lâche plutôt qu'un être humain.

Avec Georges Blanchon, je trouve une bonne façon de réfléchir à l'effort de guerre en concevant des baraquements militaires, bonne manière de faire progresser l'idée de préfabrication. Un autre projet s'est présenté, des baraquements plus élaborés, à plusieurs usages, destinés à répondre aux besoins de la construction de l'usine de Duralumin à Issoire ; Blanchon connaît bien son président. Nous pourrions lui faire des propositions en partant des ossatures des maisons préfabriquées à Nancy par Jean Prouvé qui a accepté de s'associer à notre projet. Pierre et moi avons réalisé les premiers schémas. Blanchon devenu notre associé, l'équipe, Jeanneret, Perriand, Prouvé peut fonctionner. Blanchon a trouvé en location un appartement rue Las Cases. Ce sera aussi désormais notre cabinet d'étude. Seule au milieu des garçons. Pourquoi pas ? Étrange disposition d'esprit : les hommes gèrent la structure, les femmes (enfin moi seule !) pensent l'intérieur ? Est-ce une faculté liée à notre biologie ? La plupart du temps je n'ai pas le temps de penser à ces questions, mais, en ce moment, elles me hantent. À quel moment vais-je rejoindre les femmes, les mères, celles qui enfantent et procréent ? Jamais peut-être. Il en va de ma liberté.

Lettre des Sert du 30 octobre

> *Je fais des conférences, j'écris et j'apprends à connaître ce pays admirable. J'ai vu des modèles de ta chaise au Museum of Modern Art, d'autres chez Sweeney.*

Ces mots me font chaud au cœur. Comme mes amis me manquent.

Dîner de Noël avec maman et papa. Ils aiment beaucoup Pierre.

1er janvier 1940

Réveillon du Nouvel An chez les Bloch. Toute la soirée, il m'appelle la Fée des Neiges. Beaucoup bu.

Lettre de Jean-Richard Bloch du 4 janvier 1940

Nous souhaitions vivement votre présence, le soir de la Saint-Sylvestre, au milieu de quelques amis qui sont les vôtres autant que les miens et qui vous aiment tous. Mais qui ne vous aime ? C'est même un peu vexant ; quand on vous porte certains sentiments, on se fait l'impression qu'on suit le courant. Alors, il faudrait détailler, expliquer, pour éviter d'être confondu avec la masse.

Ni Bloch ni Jean Nicolas ne me tiennent rigueur de ma prise de distance avec Moscou et le Parti. Certaines amitiés valent plus que tout. Par les temps qui s'annoncent : accomplir et aimer sont les seules choses qui nous rendent plus grands que nous-mêmes. Éviter de vivre à ras d'homme.

8 février 1940

Comme c'est étrange, j'ai reçu aujourd'hui un radiogramme du Japon. *Désirons vous inviter comme conseillère dessinatrice Art décoratif auprès de ministère du Commerce. Salaire 100 000 F par an, plus honoraires, frais de voyages. Attention, détail lettre.*

Le Japon ? Si loin… C'est Sakakura, notre merveilleux étudiant japonais du 35 Sèvres qui a signé le message. Partir du 35 pour être rattrapée par lui !

J'avais mille fois envisagé tous les scénarios dans ma tête, tous mais pas celui-là. Saka, qui en plein désarroi, me montre une destination à des milliers de kilomètres.

Chère Charlotte, comment vas-tu ? Il y a presque treize mois depuis que j'ai quitté la France. Je pense toujours à vous tous les amis à Paris. Surtout depuis l'automne dernier je voudrais bien recevoir des nouvelles de vous tous dans la tempête de la guerre. Le bureau de Commerce dans le ministère m'a chargé de choisir un dessinateur (ou une dessinatrice) français pour son bureau dont le rôle est de conseiller et diriger la fabrication d'œuvres d'art décoratif dans plusieurs instituts appartenant au Commerce. Je t'ai choisie sans hésitation. Tu n'as pas envie de visiter le Japon ? On veut que tu restes au moins un an. Quant à notre Jeanneret, je pense une autre occasion. Quand ? Je ne sais pas encore…

Cher Saka, je ne pensais avoir l'occasion de te revoir si tôt et surtout dans ton pays. Je m'aperçois qu'après tant d'années à côté de toi, je n'ai rien appris de ta patrie.

Cette lettre du Japon me bouleverse. Dans ma tête et dans mon cœur. Partir c'est choisir. Et choisir c'est toujours au détriment de quelque chose. J'y ferai une bonne propagande pour l'Art français… C'est une place que les boches n'auront pas. Il faut tenir. Je tiens ferme et je garde l'œil serein sur mon petit coin de ciel bleu. Mais le Japon, ça mérite réflexion tout de même. Je n'arrive pas à dormir.

Sous les toits, il fait un froid glacial. Pierre est rentré chez lui ce soir. Seule, collée au poêle, je réfléchis à ce que le destin me propose. Impossible de dormir là-dessus. Quelle folie ce serait ! Quelle aventure aussi ! Il faut savoir reconnaître les grands rendez-vous. En est-ce un ? Il me semble que je retrouve ce trac immense qui m'a saisie la première fois que je suis allée au 35. En revenir aux battements de cœur, en revenir à cette sensation de faim, faim de vivre et de réaliser, faim vitale, Eros versus Thanatos. Les premiers coups de pagaie sous le soleil des Baléares après que Percy m'eut annoncé qu'il partait furent du même ordre. Fuir pour vivre en quelque sorte. Quelle heure est-il au Japon ? Ici, il est une heure du matin et je n'ai plus qu'une envie, me livrer tout entière à la perspective d'embrasser cette nouvelle vie. Est-ce qu'on escalade au Japon ?

Aujourd'hui

Une tempête de neige s'est abattue sur Paris. À mon réveil, la ville baigne dans un silence cotonneux.

Je ne sais pas quoi penser de l'invitation de Saka. Il me tarde d'en savoir plus. La mention « attention, détail lettre » annoncée m'intrigue. Je brûle d'impatience. Mais quand ? Avec Pierre, nous discutons énormément et de façon magnifique. Son désintéressement, son extrême générosité, son intelligence président à chacune de ses remarques. Notre histoire est fondée sur la liberté. La liberté individuelle au sein de notre histoire. C'est ce qui la rend magnifique. Nous nous sommes prévenus dès la première fois, c'est ce qui nous unit. Nous aimons ce paradoxe. Léger est venu nous rejoindre. Il m'a dit : « Petit Phoque, ça ne se représentera plus, il faut saisir cette occasion. » Pas une fois il n'a été gêné de me pousser à partir devant Pierre tant l'intégrité de l'un et de l'autre sont sans faille. Georges et Germaine Monnet m'invitent également à rejoindre le Japon, avec cette simple phrase à haute voix qui exprime ce que nous constatons et redoutons avec horreur : « Charlotte, on s'oriente vers le fascisme, vas-y. »

La lettre est arrivée. Et quelle lettre ! Quatre semaines plus tard, ça valait le coup d'attendre. La fameuse lettre contenant les détails est devant moi et lorsque nous l'avons découverte, Pierre et moi étions partagés entre le fou rire et la solennité. La lettre est un rouleau de huit mètres de long en papier japonais ultra léger, roulé dans une enveloppe du même papier, avec des dessins à l'encre de Chine signés. Il s'avère que c'est l'artiste Shikō Munakata qui a exécuté ces dessins. Léger est venu voir la fameuse lettre. C'est l'attraction du moment pour les quelques amis restés à Paris.

Dans ma tête, je commence à faire la liste des choses à terminer avant de partir même si cette perspective me paraît encore très floue. Je suis résolue, je crois. En parler aussi librement avec Pierre a vaincu mes derniers doutes. Il me rejoindra plus tard. On s'arrangera. Il faut y aller. Je ne cesse de me répéter qu'il faut savoir reconnaître les rendez-vous du destin. C'en est un, je crois.

Jours de tourmente

Une terrible tempête a soufflé sur la ville. À Auteuil, le toit d'une église a été arraché paraît-il. Étrange comme à chaque fois que le Japon se manifeste à moi, quelque chose se déchaîne !

Sept ans avec Pierre. Combien d'années sans lui ? Le Japon et Paris se disputent ma tête et mon cœur. Glissement insensible du temps. Ce qui constitue mon présent se transforme peu à peu en quelque chose du passé, là sous mes yeux. Effrayant ? Un peu, je dois l'avouer. Mélancolique ? Non, j'ai décidé que non. Mon contrat a une durée d'un an. Ce sera vite passé. Saka compte faire venir Corbu et Pierre plus tard au Japon et en Chine.

3 mai 1940

L'invitation du gouvernement japonais est arrivée officiellement via l'ambassade de Paris. Il m'est clairement proposé le poste de « Conseillère de l'art industriel du bureau du Commerce auprès du ministère impérial du Commerce et de l'Industrie ». Suis un peu fière tout de même.

Je me donne un mois pour partir. Vers la mi-juin, si tout va bien, ce sera le départ. Entre-temps, il me semble possible de terminer avec Pierre le mobilier pour Issoire, en vue d'une édition économique en bois, dont la fabrication se fera à Grenoble sous son contrôle.

J'ai contacté André Bloc et Christian Zervos pour représenter au Japon leurs publications respectives, *L'Architecture d'aujourd'hui* et les *Cahiers d'art.* J'emporte aussi le film sur la nouvelle technique de ski d'Émile Allais. Le Quai d'Orsay me confie une recommandation pour l'ambassadeur de France au Japon. J'ai le sentiment de me transformer en ambassadrice de la culture française. Saka m'a demandé d'apporter mes dessins et mes photos. Je veux partir avec mon équipement de ski car je compte bien là-bas retrouver une face à gravir, un sommet à gagner. Comment est la neige japonaise ? Excitation partagée avec maman.

Souvent, lorsqu'il était à Paris, Saka m'a raconté le printemps japonais à Tokyo. C'est la seule saison où nos deux pays se ressemblent pendant quelques jours, m'a-t-il dit. Là-bas et ici des cerisiers en fleurs explosent. Je comprends combien une part de moi-même est déjà partie. Il fait tiède et beau et parfois frais à Tokyo au moment des cerisiers en fleurs et puis, un jour, le soleil devient vraiment jaune et l'ombre sur le sol plus dense, alors tout le pays est en route vers l'été. J'aime que mon destin se décide au sein de cette saison que nos deux pays partagent presque au même instant.

Lettre à Saka du 8 mai

Notre petit Jeanneret est triste, très triste. Il ne croyait pas à mon départ. Tous mes vrais amis sont tristes et en même temps contents pour moi. Saka, heureusement que je te verrai à Tokyo. Ça me donne le courage de partir. Je laisse notre petit Jeanneret, mais nous nous reverrons et dans d'excellentes conditions. Il faut vivre d'espoir et vouloir. Pas vrai Saka ? Tu me prépares un bon bain à l'arrivée et des petites nattes pour dormir… (tendres si possible). Je n'ai pas du tout l'intention de vivre comme un « crocanus », c'est-à-dire très confortablement en étranger européen. Très confortablement, je veux bien, mais pas à l'européenne. Je désire vivre le plus possible la vie de ton pays, avec ceux de ton pays. Tu as eu un grand courage, Saka, de penser à moi, mais tu verras, je serai une fille idéale. Je travaillerai bien, j'apprendrai (pas le japonais, je n'y compte pas, je suis si bornée pour les langues) mais l'anglais ou autre chose, le sourd-muet peut-être ? Tous ceux d'ici te saluent et voudraient bien être à ma place.

Pierre à qui je lis ma lettre me déclare qu'il me rejoindra au Japon dès que possible. De quel côté nous placera la Providence ?

Le début de la fin

Nous sommes partis pour un week-end sous la tente à Sancerre, avec pique-nique au bord de la Loire. La lune est pleine. Ça devait être joli. Une fois partis en balade, papiers contrôlés. Mon passeport oublié dans ma tente. Embarqués à la gendarmerie. On me demande si je suis française sur un ton très désagréable. Je ris en répondant oui. On me dit : « Vous rirez moins tout à l'heure. » Impression de faute que je n'ai pas commise. Laquelle ? Parqués dans une salle, appelés les uns après les autres à l'interrogatoire. Mon tour arrive.

« Pourquoi avez-vous campé à cet endroit ?

— Parce que la vue est belle.

— Pourquoi vous promener la nuit ?

— Pour respirer l'air nocturne.

— Pourquoi levés si tôt le matin ?

— Pour écouter le chant des oiseaux.

— Pourquoi aller à pied à Sancerre alors que vous avez des voitures ?

— Parce que j'aime la marche. »
Absurdité d'un pouvoir détenu par des valets.

Une fois mon passeport récupéré par les gendarmes dans ma tente, j'ai suggéré qu'on parte. Non. Il fallait attendre les militaires de Bourges.

On nous a regroupés dans la cour de la gendarmerie. Les paysans sont venus nous observer, hostiles, à travers la grille.

Midi a sonné. On avait faim. On nous a interdit de sortir par peur de se faire lyncher. Pierre suivi d'un policier est parti acheter du pain et du jambon.

Puis les gendarmes ont bouclé leur ceinturon et se sont précipités dehors. Près des grilles qu'ils n'avaient pas fermées, la rumeur grondait. Ça paraissait tellement disproportionné. Ça avait l'air d'une farce. Un des gendarmes nous a expliqué en désignant ces hommes massés là : « Ils vont nous faire devenir fous ; des paysans ont pris la lune pâle pour un parachutiste. » Tout s'éclairait si je puis dire. Mais il a quand même fallu attendre la brigade de Bourges qui n'est arrivée qu'à quatre heures et presque aussitôt repartie. Ensuite les gendarmes nous ont demandé si on pouvait donner les noms de gens qui pouvaient répondre de nous. J'avais vraiment une envie furieuse de leur cracher à la figure : « Et vous, qui est le fantoche qui pourrait répondre de vous ? »

Il a fallu ensuite signer le rapport de gendarmerie, chacun individuellement. On me repose des questions en auscultant mon passeport.

« Vous êtes allée en Autriche, pourquoi ?

— Skier.
— En Yougoslavie, pourquoi ?
— Nager. »

En me rendant mon passeport, il a ajouté : « Vous avez de gros moyens. » Crétin.

À six heures du soir, nous étions libres. Pliage des tentes et des bagages sous escorte policière et retour à Paris qui n'est plus Paris. Lumière éteinte, rues comme des fours, froids et hostiles. Fenêtres aux volets et rideaux tirés. Black-out sur la ville. Là-haut dans mon perchoir, Pierre et moi n'avons pas allumé la lumière et, en silence, sommes restés à regarder le scintillement du ciel qui s'est éteint comme une bougie qui meurt.

Absurdité de tout cela, de cette journée, de ce simulacre de pouvoir, de cette réelle suspicion. Plus rien de bon enfant. Incapacité à discerner ce qui est inquiétant de ce qui est banal. Il me semble être dans un mauvais rêve. Les paysans n'ont plus rien à voir avec ceux de Giono. Avons-nous été naïfs ou juste confrontés à la peur la plus ancestrale chez l'humain, la peur de l'autre, de l'inconnu, de l'envahisseur, la peur du loup ?

Pour combien de temps encore sera-t-il possible d'opposer à la noirceur de ce qui advient, la gaieté candide du ski, de la nage, de la lune, d'un pique-nique, des chants d'oiseaux.

Cœur fermé

Il faut garder son calme. C'est impossible. Tout le monde fuit. Armée, militaires, civils. Paris est vide et pourtant chaotique, fiévreux, glacé d'effroi. Depuis des jours, je répète à papa et maman qu'il faut partir en Savoie. Aujourd'hui, je les ai accompagnés à la gare de Lyon. Paysage de désolation et de marée humaine, de chaos, d'urgence et de lenteur. Dans la fuite, les gens abandonnent des êtres, des lieux, trimballent des valises, des malles, des paquets, poussant, tirant, forçant parce qu'il y a urgence, tous cramponnés à un manteau trop chaud pour juin, à une couverture, à un édredon ou une casserole parce qu'on ne sait pas où on sera, ni jusqu'à quand et que tout ce monde, tous ces Français, y compris moi, a peur d'avoir faim et froid, a froid déjà. Dans un compartiment, mes parents prennent leur place. Un couple est là qui obligeamment pousse ses cages à poules pour laisser de la place. Mon père leur dit : « Ne vous dérangez pas, ça ira. — Non, Monsieur, elles pourraient vous faire des saletés. » Un peu de gentillesse. Un mot, un signe, une politesse… tout est bon à prendre. Tout fait baume.

On se dit au revoir. On s'embrasse. On empêche nos larmes. Il y a le danger, il y a le Japon. Il y a mon départ après-demain. Il y a leur dignité. Maman qui me dit : « Deux ans, c'est vite passé. » Oui, maman, ce n'est rien. Nous sommes forts, me suis-je dit. Je serai forte. Je descends du wagon et comme les autres, je ne les quitte pas des yeux, je regarde par la vitre et leur fais signe avant de fuir cette gare où je dois revenir après-demain pour prendre un train vers Marseille, fuir moi aussi. Tout va trop vite. Paris est encerclé. Je pars en courant, à rebours de tous ces gens, dans le sens contraire et certains me regardent comme si j'étais folle d'aller me jeter à toutes jambes dans la guerre.

Pleurs ridicules chez moi seule plus tard vers le soir.

Pierre merveilleux. Calme mais n'en mène pas large non plus.

11 juin 1940

Paris déclaré ville ouverte. Tout se débine. Les derniers remparts cèdent.

À la première heure, j'ai foncé au Palais Bourbon retrouver Georges Monnet qui doit me donner mon visa de sortie. À l'entrée, personne. Dans la guérite, personne. Au bureau de l'huissier, personne. Tant pis, je me suis lancée. Dans le grand escalier, j'ai croisé l'huissier. Il m'a dit, larmes aux yeux : « Ils sont tous partis cette nuit. »

Pas de taxi.

Pas d'autobus.

Silence mortel des rues.

À pied, foncer à la préfecture. En traversant la place Saint-Michel, j'ai entendu qu'on m'appelait. Percy ? Non, un ami belge en voiture. « Où vas-tu ? Monte. » Providence ? Oui, car là-bas, au milieu des guichets fermés, j'en ai avisé un ouvert, tendu mon passeport. Tamponné, visa de sortie obtenu. Les dieux sont avec moi.

Mon ami m'a attendue. « Et maintenant ? — Montparnasse chez moi, l'agence Duchemin doit venir chercher mes bagages à 2 heures. Je pars pour Marseille et de là pour le Japon. — D'accord. Déjeunons ensemble en face de chez toi et attendons Duchemin. S'ils ne viennent pas, je t'emmène à la gare de Lyon y déposer tes bagages. » Nous déjeunons. Tout passe mal. On n'arrive pas à avaler quoi que ce soit. Nous guettons sans cesse la camionnette Duchemin. On arrive à peine à entretenir une conversation. L'air est tiède, saturé du parfum des tilleuls. C'en est presque insupportable. Il part lui-même cet après-midi avec son gouvernement qui fuit la Belgique. Deux heures, toujours rien.

C'est sur le toit de sa voiture qu'on a ficelé comme on pouvait, mais mieux que n'importe qui car l'expérience du paquetage et de l'alpinisme m'a appris l'art du compact, une malle et une grosse valise. Dans les rues, nous croisons quelques véhicules, eux aussi chargés de bagages et d'objets divers – vies intimes à ciel ouvert – accrochés sur les toits des voitures, débordant des coffres béants.

Gare de Lyon, guichets fermés. Il m'a déposé à côté d'une montagne de bagages comme les miens. « Adieu, je dois rejoindre mon groupe. Bonne route, Charlotte. » Et voilà. Je me suis assise sur ma valise et toute la frénésie de la matinée s'est arrêtée net. Je ne savais plus quoi faire. La Providence m'avait-elle lâchée ? J'en étais là de mes pensées lorsque j'ai entendu une voix derrière moi, un peu brutale : « Où sont vos billets ? »

Sur sa blouse de porteur, il est écrit Duchemin. Ah justement vous deviez venir chercher mes bagages et vous… Je n'ai pas le temps de finir. Il me redemande d'un ton sans appel : « Où sont vos billets ? »

Je n'en ai pas. « Alors, je ne peux pas enregistrer vos bagages. » J'ai expliqué mon départ : « Je dois partir à au Japon, mais d'abord à Marseille… » Et là, son visage s'est illuminé. Le grand gars Duchemin me raconte qu'il était dans la marine marchande à Yokohama. Je lui souris. Nous sommes complices. Il me garantit qu'il va mettre lui-même mes bagages dans le train et m'a donné mon reçu. Je n'ai pas le choix. Faire confiance. Obéir aux dieux.

Partir ?

Léger s'est retranché dans sa ferme en Normandie. Je ne veux pas partir sans dire au revoir à Corbu. Je passe au 35, rue de Sèvres. Il semble ignorer que je pars au Japon. Ou peut-être fait-il semblant. Je ne sais pas s'il dit tout ce qu'il sait. À vrai dire, je n'ai pas le temps de m'en préoccuper. Il me semble hostile. Il l'est. Il me dit : « C'est bien, tu auras tout le temps là-bas de penser au mal que tu m'as fait. » Face à sa rancune, tellement inappropriée, face à l'urgence dans laquelle est plongé le monde, je lui ai lâché : « Malheureusement, j'ai peur d'avoir à penser à des choses plus graves. » J'ai tourné les talons sans attendre de réponse. Adieu génie aigre.

Quelle était la nécessité d'un tel au revoir ? Que faut-il de plus à cet homme pour comprendre que la situation est exceptionnelle. Jalousie ? Je n'ose croire à cette indigence.

12 juin 1940

Il est neuf heures du matin. Aujourd'hui, je quitte Paris pour Marseille puis le Japon. Autant dire que je pars sur la lune.

J'ai le cœur qui explose, des larmes plein le corps. Ceux qui partent ne savent pas ce qu'ils laissent derrière eux. Parfois, ils se laissent eux-mêmes. Ils se laissent tout entier à ceux qui les aiment, à ceux qu'ils quittent. Il y a un grand froid en ce matin de juin malgré le soleil qui court sur les toits. Pierre et moi avons passé la dernière nuit, yeux ouverts, âmes à vif, aux aguets, tendus et immobiles. Par les fenêtres ouvertes de mon perchoir de Montparnasse, nous parviennent les bruits étranges de cette ville qui n'est déjà presque plus la nôtre, presque plus la mienne. Il me dit : « Écoute… », et puis il se tait. Je lui dis : « Quoi ? », et puis je me tais. Nous ne disons rien. Immobiles et conscients. On entend des coups de sifflet au loin dans cette nuit où tout résonne. Et puis plus rien. Paris est jaune et gris. Parfois des effluves de tilleuls, des senteurs vertes et tièdes, une écharpe de printemps glisse jusqu'à nous. Si on respire tout doucement, très bas, en se retenant, à petits coups, peut-être que le temps passera plus lentement, peut-être que cette nuit comptera pour deux. Il y a comme une prière qui est dite, entre nous, que nous faisons chacun de notre côté, sans se l'avouer, une prière qu'on adresse à nos rêves, à la nuit qui nous enveloppe, des mots qu'on ne peut pas dire, qui nous uniraient en secret, qui passent de l'un à l'autre, entre les deux êtres siamois que nous sommes cette nuit-là. J'ai des visions de montagne, de cordées, de blancheur sous mes paupières. J'ai des images de Grèce, de nos baignades dans l'aube miraculeuse, nus dans la soie liquide de l'Adriatique. J'ai le goût de l'huile d'olive qui revient perler sur ma langue quand fond le premier morceau blanc d'un fromage très frais que le berger grec nous offre. Je rêve peut-être. Je ne sais pas. Et lui, où est-il ? J'ouvre les yeux. Il s'est endormi, me semble-t-il. À mes côtés, sans bouger, sans rien défaire de notre attelage. Ou peut-être ne dort-il pas. Peut-être qu'il est comme moi, vigile de nous-mêmes, pour ne pas rater le réveil. Il faut faire confiance à l'aube. Elle nous cueillera vers cinq heures. Peur de m'endormir et de tout rater. J'entends son souffle. L'odeur qu'il a si particulière quand il dort, une odeur de paille chaude et de lavande. Nous avons bu ce soir. Bu du vin rouge, tous les deux dans un crépuscule qui n'en finissait pas et qui peu à peu a teinté d'orange tout le petit salon de Montparnasse. Nous nous sommes empêchés de dire des tas de choses. Mais nous les avons dites. Il fallait rompre notre raideur, tout ce qui aurait pu paraître solennel et ridicule. Un peu ivres, cassés, on a chancelé puis chaviré sur le lit. Et tout habillés, là, on attend. Gisants inquiets. On attend que tout commence et que tout finisse. On attend de revenir à nous. On attend de se quitter. Le train pour Marseille est à 8 h 10.

Comme prévu, ou redouté devrais-je dire, l'aube a enfoncé des rayons très pâles sous nos paupières. Bagages déjà là-bas, nous sommes partis vers la gare de Lyon avec rien d'autre que nos deux cœurs malheureux. Silencieux toujours, un peu hagards et tant mieux, c'était bien de ne pas tout à fait être réveillés. Dans ma poche, je serre la liste de deux pages que Pierre m'a écrite. Elle contient toutes les adresses des avant-gardistes et progressistes en Amérique du Nord et du Sud, en Europe et en Asie au cas où mon bateau serait détourné. Je serre fort cette liste car ces points de chute en Argentine, au Brésil aux États-Unis ou en Norvège sont autant de ponts qui me relient à lui, à nous, à tout ce que je m'apprête à laisser ici, et à cet instant, cette suite de noms, de villes et de pays m'apparaît comme un rempart contre la folie des hommes. Moi, de mon côté, j'ai écrit à Blanchon en lui disant que je lui confiais Pierre.

Gare de Lyon, les gendarmes organisent des files devant les grilles. Pas de pagaille, plus de chaos bruyants et de foire d'empoigne. Une foule silencieuse, résignée, étirée en deux queues interminables que les gendarmes tentent de canaliser à coups de sifflet. La gare est fermée. Les grilles sont fermées. Je m'adresse à un gendarme : « Je pars pour Marseille, où dois-je aller ?

— Vous avez un billet ? me demande-t-il.

— Non.

— Alors, allez dans cette file.

— Mais mon train part dans un quart d'heure !

— Il ne partira pas, des gens sont couchés sur les rails. »

Pierre et moi nous nous sommes regardés comme deux enfants.

J'ai répété : « Mon train est à 8 h 10 » une fois encore. Il avait déjà tourné le dos.

Nous sommes repartis. J'ai entraîné Pierre le long des grilles. L'horloge sur la tour marque huit heures moins cinq. Des cadenas ferment chaque grille. Nous les essayons un à un. Pierre me suit. De loin, nous gardons un œil sur les files de voyageurs qui attendent, personne ne fait attention à nous.

Ce n'est pas possible, la Providence m'a abandonnée.

La dernière grille est devant nous, Pierre teste une fois de plus le cadenas. Il s'ouvre. Il lève son regard vers moi et nous comprenons que tout se joue maintenant et que c'est là, contrairement à tous les scénarios d'au revoir sur un quai imaginés, que nous devons nous quitter, à la sauvette, entre deux grilles, parce qu'un cadenas a été laissé ouvert par erreur.

Pierre pousse le battant. Je passe. Je me retourne. Il referme la grille derrière moi. Il me dit : « Dépêche-toi, Charlotte. Tu vas l'avoir. » L'avoir quoi ? La chance ? La vie que je veux ? La vie rêvée de Charlotte Perriand ? Mille questions, mille mots se bousculent dans ma tête.

Les barreaux nous séparent et, maladroitement, on penche nos visages l'un vers l'autre, on glisse nos mains à travers la grille, pauvres extensions de nos cœurs à bout de nerfs : « Oui, je l'aurai. Adieu, Pierre. Adieu. Tout ça va passer vite, tu verras. Tu me rejoindras. Adieu, mon cher cher Pierre. » Il me tend un coquillage, par un trou passe un ruban : « Tiens, il vient de ce matin de Grèce. Tiens. Va maintenant. » Je fourre ce morceau de nacre et de sel dans ma poche et cours aussi vite que possible vers des quais où des trains vides semblent n'attendre personne. Je ne sais même pas s'il y a un conducteur, je ne sais pas où tout cela va me mener. Je me retourne une dernière fois et je vois lointaine déjà la silhouette de Pierre qui lève haut son poing serré. En signe de résistance, de victoire, de force, de douleur. « Si je ne reviens pas après 8 h 10, c'est que je serai partie », sont les derniers mots que je lui ai adressés. Il attend. Je lève le bras aussi, très haut, poing serré. Ralliement des cœurs braves et des vainqueurs. Et puis là, soudain, j'avise une pancarte accrochée sur un wagon qui indique Paris-Marseille. À huit heures sept je monte et m'écroule. Trente secondes plus tard, un homme s'est assis en face de moi.

« Pardon, monsieur, c'est bien le train pour Marseille ?

— Oui. »

Le train bouge. Le train part. En un éclair, par la vitre je vois les grilles défiler de plus en plus vite, et le soleil en plein visage, ma main en visière devant les yeux, il me semble mais je n'en suis pas sûre, que j'ai vu une silhouette qui regardait les voies, bras tendu haut, poing levé vers le ciel.

Sa tête dodeline en face de moi, le passager a posé son chapeau sur la banquette. Il m'est impossible de dormir. Âme chahutée. Cerveau en alerte maximum. Cœur minuscule. Nous sommes les deux seuls dans ce convoi, en cavale dans ce train fantôme, vide et sans bagages, qui fend les plaines à rebours de l'histoire, à rebours de la guerre, à toute vapeur vers la liberté, les deux seuls à avoir vaincu les files d'attente, à avoir perdu l'amour peut-être, à n'avoir devant nous pour seul destin, rien d'autre que nous-mêmes.

J'ai fini par m'endormir, mon journal ouvert devant moi. Mon voisin de compartiment a disparu. Dans ce train que rien n'arrête et dans lequel ne monte aucun voyageur, un contrôleur n'a même pas osé me demander quoi que ce soit. Voilà, me dis-je, je suis seule. Après des années avec la famille Corbu, pas loin de mes parents, dans la même ville, mon monde explose. Seule me dis-je. Tellement de choses à faire.

Nous arrivons à Marseille. Le train ralentit. Ma vie s'accélère.

La grande traversée

Notes de cabine sur le *Hakusan Maru*

Me voilà enfin installée, ma vie réduite à la taille de cette cabine. Dehors le grand vent, la mer, le soleil de juin. Suffocation intérieure. À l'extérieur l'inconnu.

J'ai bien failli ne pas partir. Malgré le bombardement de la gare de Gien, nous sommes arrivés à l'heure. Nous ? Un bien grand mot. Car dans la cohue de la gare de Marseille, j'ai tout de même cherché à voir qui descendait du train. Personne. À croire que les wagons ont été conduits par un esprit, par la main de Dieu peut-être qui m'a jetée dans ce petit hôtel près du port. Comme convenu, j'ai appelé le bureau du consul japonais. On m'a fait savoir que le bateau n'était pas arrivé. On m'a demandé de laisser le numéro de téléphone de l'hôtel… on allait me prévenir. Si tout cela n'avait été qu'un rêve, un mauvais rêve ? Si on ne prévenait jamais et que je reste là, en rade, privée d'avenir et de passé ? Une sorte de farce lugubre qui m'obligerait demain ou après-demain peut-être à retourner à Paris. Ou pire, je resterais coincée quelque part dans la région, impossible ni de retourner dans ma ville, ni dans ma chère Savoie. Et alors revoir Pierre avec le goût de cendre d'un projet avorté. Mais revoir Pierre tout de même. Je me demande ce qu'il fait à l'instant où j'écris. Être celui qui reste. Être l'immobile des deux. Être le sédentaire… toujours ingrat. Pierre, je pense à toi, à nous. À ce que nous sommes, et peut-être déjà, à ce que nous avons été.

Deuxième jour d'attente. À Paris, la ville est tombée. Ici insupportable. Le tenancier de l'hôtel s'est pris de sympathie pour moi. Une confiture est apparue au petit déjeuner. J'étale la purée de figues sur une tartine comme sur un pansement. Avec un sourire, car il le faut. Et partout cet accent qui met du soleil dans les mots. Je décide de passer voir des amis. Il fait très chaud. Poudroiement insupportable sur nos vies arrêtées. Prisonnière là-bas ou prisonnière ici, c'est différent, mais prisonnière quand même. Devant mes amis, je n'ose pas me plaindre car je me souviens que je suis ici pour partir. Pas eux. On décide de noyer notre angoisse dans l'eau de mer et d'aller se baigner. En repassant par l'hôtel pour prendre mon costume de bain, un mot m'attendait : *Urgence, le bateau est à quai.*

Repartir à la va-vite. Chercher mes bagages à la gare avant d'embarquer. Il me semble que la vie n'est devenue qu'une cohue, qu'une suite d'urgences, un assemblage désassorti de moments heurtés. Il me tarde de réunir les parties de ce puzzle. Lorsque je mets la main sur mes bagages, j'ai l'image de morceaux de vie qui s'emboîtent enfin, un peu. Partir en mer donc. Pour une interminable virée. Le taxi auquel j'avais demandé de m'attendre a filé. Il faut en trouver un autre pour gagner le port et le quai. Finalement, je me jette dans une voiture. Trajet sur les nerfs. Sur le quai, le bateau est en train de relever la passerelle. J'ai fait de grands signes aux gens penchés au bastingage, et on m'a vue. La passerelle s'est abaissée à nouveau. Encore un moment qui s'emboîte à l'autre. Encore un signe de la Providence qui décidément veut me jeter hors de mes bases. À toute allure, le porteur poussant le chariot à bagages sur mes talons, j'embarque en courant. Grilles, passerelle, destin, guerre, folie des hommes… tout se referme sur moi.

À bord, le Consul m'attend. Tendu.

Il m'apprend que le bateau ne partira que demain. On change de quai pour le quai militaire. Tant mieux, me dis-je, une journée de plus à passer avec mes amis pour leur faire de vrais adieux. Il refuse en m'expliquant que je suis désormais sur un territoire japonais. Je lui dis que je m'en fiche et que j'irai à la nage s'il le faut. Il me répond très sérieusement qu'on me tirera dessus.

La liberté, croyais-je. Comme une idiote, je me sens réduite à l'état de petite fille. Je pars dans ma cabine et, sans défaire mes bagages, je pleure sur mon lit. Mes premières larmes depuis mon départ de

Paris. Quelque chose en moi cède. Je pleure Pierre, Corbu, le 35 Sèvres, mon perchoir de Montparnasse, ma vie d'avant car je comprends que désormais il m'est impossible de faire machine arrière. Dans ma tête résonne le mot avant avant avant. J'ai gravi un sommet qu'il est impossible de redescendre, défiant ainsi toutes les lois de l'alpinisme. Dans cette cabine de première classe plaquée d'acajou, impuissante, mon pays à mes pieds, je ne peux rien faire que m'apitoyer sur moi-même. Je pense à mes parents, aux lettres de ma mère qui me souhaitait l'indépendance comme on souhaite à sa fille d'être belle, une revanche sur son sort de femme. Pour ne dépendre de personne. Mais ici, c'est l'exact inverse, je me sens seule et captive, aussi soumise qu'impuissante, mon cauchemar absolu en somme. Je n'ai pas pu prévenir mes amis de mon départ. Je n'ai pas pu me baigner avec eux pour dire adieu une dernière fois à mon pays. Je suis épuisée nerveusement, ravagée d'inquiétude. Il faut que je dorme.

15 juin

J'ai sombré comme une pierre, pesante, sans conscience, précipitée vers le fond. Comme cette pierre de la forêt de Fontainebleau, trop lourde pour être bougée. Comme ce bateau qui ne part pas, ai-je pensé en m'endormant. Mais ce matin enfin, quelque chose se passe, on s'affaire à l'extérieur. En me levant, j'ai senti de la vie à bord, une agitation dont on est le centre comme seuls le sentent ceux qui ont l'habitude de vivre en bateau. On sait que la machine s'est mise en route. Je suis montée sur le pont. On était en train de quitter le quai. Accoudée au bastingage, j'ai fait mes adieux en silence à ma vie, à mon pays même s'il me semble que j'ai déjà tout quitté il y a deux jours. J'aurais dû essayer de joindre Pierre par téléphone. Mais faut-il davantage s'abîmer le cœur et les yeux avec des larmes ? Les marins français s'alignent au garde-à-vous. Sur le quai, leurs homologues japonais, les uns à côté des autres, le Consul et sa suite saluent les uniformes sur notre pont d'un seul mot crié à l'unisson : *Banzai*.

Je me tourne vers ceux à qui ce salut s'adresse et je remarque à quelques pas un Japonais très droit, immobile, qui laisse échapper sans un geste deux grosses larmes, en fixant le quai, ce bout de France qu'il laisse. *Banzai* la France. *Banzai* Pierre. *Banzai* maman et papa. Où êtes-vous mes êtres perdus ? Refuser de vous dire adieu comme si vous étiez morts. Un an, ça passe vite. Je reviendrai avec mille souvenirs à vous raconter. *Banzai* ma vie d'ici et à toi aussi vieux démon, *banzai* Corbu.

16 juin

Comment ne pas tourner en rond sur ce bateau :

1. Classer les gens qui m'entourent par continent ;

2. Marcher tous les jours sur tous les ponts possibles ;
3. S'interdire de s'apitoyer ;
4. Exercer mes enchaînements de gymnastique tous les matins ;
5. Apprendre quelques mots de japonais ;
6. Proscrire le mal de mer par tous les moyens ;
7. Prendre des photos.

17 juin

Canal de Suez fermé. Pourquoi ? Je ne sais pas. Passer par Gibraltar pour rejoindre Lisbonne. Pourquoi ? Faire confiance. Fuir cette cabine pour rester en plein air, gage d'anti-mal de mer. En fait, une autre jeune femme belge, Dominique, et moi-même sommes les seules à ne pas en souffrir. Fuir cette cabine quand même pour respirer à pleins poumons. Aujourd'hui, conscience aiguë qu'il m'arrive quelque chose d'exceptionnel. Ne pas s'endormir, rien n'est gagné. Faire de l'exceptionnel avec de l'exceptionnel. Ne rien prendre pour acquis. Respirer.

Dehors, Gibraltar comme un météore posé à la douane de la Méditerranée et de l'Atlantique. L'Espagne face au Maroc. Le vieux continent face à l'Afrique. Est-il encore temps de renoncer ? Non, ce n'est pas ma nature.

Remontée par la côte portugaise.

Au loin, des grandes franges blanches le long des côtes. Des plages sans doute, traînées de farine immaculée.

19 juin

Escale à Lisbonne. Ici, pas de guerre. Ce pays, n'intéresse ni les Allemands ni les Italiens. Tentation de redescendre à terre. Tentation de terminer cette blague. Aujourd'hui, il ne reste plus rien du sentiment que quelque chose de glorieux m'attend quelque part. Je doute de tout. Fragile.

Presque envie que le *Hakusan Maru* reparte très vite pour sceller l'irréversible.

Descendre ici et remonter vers le nord ? Vers Paris ? Traverser la débâcle en sens inverse et rejoindre Pierre ? Où es-tu ? Quel est l'état présent de ton esprit ? Où crois-tu que je suis ? Tu me penses déjà en haute mer alors que je suis encore là, au sud de ton cœur, à moins de deux mille kilomètres de mon perchoir de Montparnasse.

Torture. Arrêter ces notes. Fermer ce journal. Sortir. Fuir le chagrin. Respirer. À défaut de prendre la mer ou de descendre à terre, prendre l'air. Ne pas revenir en arrière. Jamais.

21 juin

Petit matin. Ça s'agite dehors. Sortie de ma cabine en chemise de nuit. Aube ruisselante de chaleur. Le bateau quitte le quai. La lumière est d'une beauté insoutenable.

Petit-déjeuner. J'apprends que nous voguons vers l'Afrique du Sud. Ça y est l'irréversible est enclenché.

Longer l'Afrique. Il fait très chaud. Des grandes toiles de tente tendues ici et là pour créer de l'ombre. Belle idée pour des claustras qui ne pèsent rien. Au fond, ce sont déjà peut-être des cloisons de papier japonais. Je prends des photos de tout. Documenter le malheur, l'exode, le bonheur, le large, l'ailleurs, je n'en sais plus trop rien, mais s'occuper l'esprit. Imprimer sur pellicule ce nouveau chapitre de ma vie.

Passage de l'équateur

L'équipage et les voyageurs célèbrent le passage de la ligne. C'est une tradition visiblement. On s'habille. Une Japonaise me prête un kimono. C'est elle qui doit m'habiller. Impossible de comprendre comment s'y prendre. Une large ceinture qui me comprime la respiration. Beauté et inconfort. Où est mon corps libre ? Je ne pense qu'à m'en défaire. Et puis je meurs de chaud. Et dire que je suis sur cette eau depuis des jours et que je ne peux pas m'y baigner.

Au dîner, j'essaye de m'asseoir à la japonaise. Je ne tiens pas 5 minutes. Supplice. Et rires. Et puis alcool aussi. Plaidoyer pour la légèreté.

Ai rencontré une amie, je crois. Dominique, cette jeune femme belge est vraiment sympathique. Pleine de vie et d'assurance. Gourmandise face à l'existence. Elle part rejoindre un homme à Shanghai. L'homme qu'elle aime, dit-elle. Je lui explique Pierre, le 35 Sèvres. Elle me raconte celui qu'elle rejoint, moi celui que je quitte. Pierre, tu es partout.

Sympathie avec un étudiant boutonneux en route pour l'Australie.

Un couple franco-indien en chemin vers Bombay.

Les autres, des Japonais. Certains embarqués de Londres, les moins sympathiques. D'autres partis de Marseille, mes nouveaux amis francophiles.

30 juin

Marimitsu Matsudaira dit Matsa pour ses amis. C'était lui qui pleurait en silence au départ de Marseille. Il me demande de l'appeler Matsa. Je suis donc une amie. La vie à bord rend tout plus direct. Il est ethnologue.

Si amoureux de la France qu'il pense en français comme son professeur de langue le lui a appris. Il m'explique qu'il ne fuit pas l'invasion allemande, mais qu'il retourne chez lui pour éviter à sa fille un mariage arrangé au profit d'un mariage romantique. Tradition européenne dont il est fier. Bouleversant Matsa. Il y croit dur comme fer.

J'imagine l'inverse. Revenir en France pour, comme le veut la tradition japonaise, imposer à sa fille un mariage arrangé. Pourquoi ces Japonais veulent-ils à ce point embrasser une autre culture que la leur ? Pourquoi ne font-ils pas confiance à leur propre système ? Je me sens brièvement choisie par défaut, préférée et invitée chez eux, sur un malentendu.

Je lui parle de Pierre. Il me regarde. Il dit « romantique » en roulant les r comme un Bourguignon. Pour la première fois, je ris juste après avoir prononcé le nom de Pierre.

2 ou 3 juillet ?

Matsa disparaît tous les jours. Je lui pose la question. Il rit. Il me dit : « Viens voir. » Dans sa cabine, il abrite un coq dont la crête est si grande qu'elle lui tombe sur l'œil. Il le prend dans ses bras comme un enfant. Il le berce. « C'est coq gaulois, il dit. C'est France. » Deux poules lui tiennent compagnie. Ménagerie embarquée à Marseille.

Faune décidément de plus en plus hétéroclite à bord.

À Paris, il gardait à l'hôtel ses gallinacés. Mais un coq est un coq. Le chant matinal a eu raison de l'hôtelier. On l'a prié de partir.

Il a installé dans une voiture le coq et les deux poules. Une sorte de poulailler. Certains Japonais nous regardent rire aux éclats. L'humour est-il universel ?

4 juillet

Mauvais temps. Pas un rat sur le pont ni dans les salons.

Dominique et moi stoïques et pas malades, seules dans la salle à manger.

Marcher en plein vent le long des coursives. Marcher à s'en faire mal. Ne pas dormir. Ne pas rêver. Ne pas regretter. Ne pas penser. Ne pas pleurer. J'éternue. Je ne veux pas être malade. Je ne veux pas prendre froid. Continuer la gymnastique comme une enragée, comme un lion en cage.

J'ai expliqué à Matsa la raison de mon voyage. À mon tour de lui montrer quelque chose d'extraordinaire. Pas de coq mais la lettre reçue du Japon, ce rouleau de huit mètres de long. Il s'extasie, comprend que c'est sérieux. Il lit mon salaire écrit noir sur blanc dans la lettre et me dévisage. Quelque chose passe dans son regard que je ne saisis pas. Il me dit : « Payée beaucoup d'argent, plus que le ministre. Tu es très importante Perriand-*san.* » Je comprends alors que le Japon est un pays de castes. Comment réagir ? C'est tout ce contre quoi je me bats.

21 jours sans escale

Mon amie belge et moi marchons sans relâche. Les autres se sont habitués. Ils ne comprennent pas que c'est ainsi que nous ne sommes pas malades.

Le gong ne me réveille plus le matin. J'ai ma routine. Lever 7 h 30. Gymnastique, bain, petit-déjeuner. Se rendormir ? Non. Fuir les rêves. Fuir les battements de cœur qui déraillent. Fuir l'Hindou dont on dit qu'il voit l'avenir dans la main et qui erre sur ce navire comme un fantôme. Ne rien savoir, ne rien regretter, ne rien espérer.

Fuir les sanglots. Demeurer en suspens entre deux terres. Entre deux cœurs.

Je mange des kilos de riz. Je dis à mon amie belge qui va rejoindre l'homme qu'elle aime que le riz est ma grande histoire d'amour. On rit. Elle est vivante, fraîche, drôle, pleine d'entrain.

La beauté des nuits étoilées me fait mal. Personne avec qui partager. Les souvenirs de nos virées en voiture vers la Normandie et nos nuits à la belle étoile sur des bottes de foin me hantent par salves douloureuses. J'ai mal à en crever. Pierre, Masson, Léger, Blanchon, papa, maman, où êtes-vous ?

Je repense à notre bain en Grèce. Le coquillage de là-bas est en sûreté dans mes affaires de toilette. La douceur de l'eau, la douceur de l'eau, la douceur de toi.

Cap de Bonne-Espérance

On nous annonce des baleines. Enfin de nouveaux amis. Le vent devient fou. J'ai bruni. Cheveux et peau dorés, filaments blonds, taches de rousseur. Ce grand large me fait du bien. On penserait presque à du bonheur quand je rentre dans ma cabine et que le miroir me renvoie l'image d'une jeune femme hâlée et décoiffée, comme en vacances. Croire aux mirages.

Ici la mer écume fort. Suis restée des heures à suivre les oiseaux dans le vent, suspendus en vol stationnaire au-dessus de nous. Frégates et autres, leurs ailes comme des sourcils arqués, voiles de plumes parfaitement adaptées à la portance. Je les envie. Liberté sans guerre. Errance magnifique.

L'humidité gagne. Mes cheveux frisottent. Dans la salle d'écriture, la brise circule par les baies ouvertes. D'un phono suinte une mélodie japonaise. Une plainte plutôt, comme un fado ou une mélopée sévillane qui prendrait sa source dans la lenteur déployée d'un chant arabe. Tout se ressemble. Son d'une immense douceur mélancolique. Pour une fois je ne m'y soustrais pas.

Plus tard dans la journée, notes échappées d'un piano. Du Haendel ou quelque chose comme ça. Le ciel s'est alourdi. L'humidité ralentit tout. Et mon cœur explose de larmes. J'étouffe dans ma cabine. Combien encore de chagrin en réserve ?

Sous l'équateur

Pales de ventilateurs qui tournent. Air poisseux. Il faut boire chaud, me dit-on. Va pour un thé bouillant. Mais des glaçons tintent dans les verres.

Chaud froid de l'âme. J'essaye de danser. Mes pieds traînent, mes chaussures raclent. Je danse mal. Je n'ai pas envie de danser. Suis en danger de tristesse.

Je m'initie aux baguettes. Cocasserie de ce mot nippon que je finis par retenir en me disant qu'il ressemble à alligator, « *arigato* » pour dire merci. Matsa m'apprend que les R se roulent comme des L au Japon. *Aligato* donc. Le secret de son accent bourguignon enfin percé. Au-delà, mon esprit cale sur d'autres mots japonais comme sur l'anglais d'ailleurs. Mon amie belge me fait mourir de rire en prenant un fort accent de Bruxelles. « Alligator, alligator » dis-je à tout bout de champ. Les baguettes nous servent à faire des chignons. Les Japonais nous regardent comme des gosses, partagés entre honte et indulgence.

Cap de Bonne-Espérance. Ce nom me hante. Bonne-Espérance. Prison que l'espérance. Prison ou lumière, je ne sais plus.

Le mauvais temps s'est installé. Des tentes ont remplacé les grandes toiles pare-soleil. Nous sommes arrêtés en mer. Nous reprenons de plus belle les exercices et les photos. Il faut rester actives. Je photographie des graffitis à la craie réalisés par les marins : un étrange poisson/cloporte à tête humaine, une étoile, des caractères japonais – pas sûre –, ça ressemble à des dessins d'enfant, une divagation graphique blanche sur noir qui raconte l'ennui de ces mois ici.

On attend tous en silence l'escale à Durban où on nous promet de descendre à terre.

Durban

Enfin la terre ferme. Il me tarde de découvrir d'autres odeurs, d'autres têtes, d'autres bruits que ceux du navire. Pourtant, c'est ce qui se passe sur ce bateau qui parfois me semble désormais bien plus fiable que n'importe quel ailleurs terrestre.

Durban, pointe de l'Afrique. Ici, c'est l'hiver. Je suis la première à me ruer en dehors du bateau. Soif de découvrir. J'ai le mal de terre. Je tangue sans que rien ne bouge. Démarche d'alcoolique. Je ris toute seule. Les autres passagers sont moins aventureux, ils restent tous à bord. La peur de l'autre encore, me dis-je. Je voulais voir l'Afrique. Je ne vois que des Blancs ou presque. Ville propre, policée, déception. Curieux renversement des choses, le bateau me rassure.

Retourner à bord du *Hakusan*. D'en bas, on me fait des signes que je ne comprends pas, je monte. La trappe se referme sur moi. On quitte le quai aussitôt. Je ne comprends rien.

À bord, on m'explique que j'ai bénéficié par erreur d'une autorisation de sortie. Les autres sont restés confinés. Et maintenant moi aussi. Souricière. Jetée dans la gueule du loup. C'est l'histoire du monde en ce moment. Notre bateau doit attendre au large son ravitaillement en charbon. Les retournements continuels entre sensation de liberté et confinement m'épuisent. Plongée dans une sieste nauséeuse.

Des bruits courent, le Japon aurait envahi l'Indochine.

Partir d'un pays en guerre pour retrouver un autre pays en guerre. Comme un arrière-goût amer me revient mon désir de fuite à Lisbonne. « J'aurais dû, j'aurais dû, j'aurais dû » me trotte dans la tête comme une mouche se cognant à une vitre.

Assise sur mon lit. Pas envie de petit-déjeuner aujourd'hui. Je réfléchis. Tu l'as voulu, tu es ici, tu n'y peux rien. Tout est beaucoup plus simple quand on n'a pas le choix.

Perdu le fil des jours. 12, 13 juillet peut-être ?

Nous quittons Durban. Non sans un certain soulagement en ce qui me concerne.

Direction Bombay, Ceylan, Singapour.

Je propose que nous fassions une petite fête pour le 14 Juillet. Le cuisinier à bord s'est mis en tête de faire des croissants pour le petit-déjeuner. On verra, ça peut être exotique. Il faut que je trouve quelque chose aux couleurs de la France.

La Belge me prête du fard bleu. J'ai mon rouge à lèvres.

Suis descendue au petit-déjeuner fardée comme une démente. Dominique éclate de rire. Elle m'a tendu solennellement un croissant noué d'un ruban bleu dont nous décidons qu'il est républicain. Matsa, sous l'œil éberlué des autres Japonais, a sorti son coq de sa cabine. Il le tient dans ses bras mais rien à faire, le coq ne chante pas. Matsa est triste, mais je lui dis que voir le volatile est largement suffisant. Le coq montre des signes d'agitation. Matsa repart avec lui vers sa cabine, emportant un peu de croissant pour ses poules. Le phono entame une *Marseillaise* nasillarde. Tous ceux qui ont embarqué à Marseille se lèvent en silence. Ça devait être drôle. Ça devient grave. La fête tourne au triste. Je me sens un peu ridicule avec mon fard bleu et mon rouge. Le phono s'est éteint. Matsa est revenu. Il s'assied à notre table. Voix et politesse exquises lorsqu'il dit : « Bonne journée de Bastille Perriand-*san*. » Ça fait comme un baume très doux sur l'absence.

Aligato, monsieur Matsa. Je vois son orgueil d'enfant lorsque je l'appelle monsieur Matsa. Lui comme moi, avons à cet instant, pour des raisons bien différentes, chacun d'un côté et de l'autre de la même guerre, le sentiment de porter en nous quelque chose d'immense et de fragile.

Matsa m'invite à danser, là au petit-déjeuner. Et peu à peu, d'autres danseurs nous rejoignent. En silence, on traîne la savate comme on peut, sorte de valse timide mais danse tout de même. Quelqu'un s'est installé au piano, se lance dans un fox-trot. Ce jour solennel devient alors enfin un peu léger.

Voguer vers les portes de l'Asie. Cette fois, c'est flagrant.

Passés au large de Madagascar, noyés sous le déluge d'une mousson qui ne s'arrête jamais. Ne pas prendre froid. Un certain délice à hurler de joie sous cette pluie chaude avec Dominique. Excitation de gosse de se sentir lavée par le ciel jusqu'au moment où la violence des gouttes inflige presque des morsures sur la peau.

Bombay

Notre plus long arrêt. Indiens fins comme des enfants. Minces, déliés, pas un gramme de gras ne vient alourdir leur silhouette. Les coolies à moitié nus sont d'une élégance suprême. Racés, peau brune, comme une laque mate et souple, corps agiles et gracieux même dans l'effort. Les cales du bateau sont vidées en un temps record. Toutes sortes de marchandises sortent et rentrent de ce grand coffre de métal qu'est le paquebot. Dans les mains, les bras, sur la tête de ces hommes-enfants, toute sorte de marchandises. Ils dévalent des passerelles de fortune faites d'une seule planche aussi mince qu'une lime à ongles. Odeurs d'épice, de riz, de fruits. Couleurs folles des saris.

Le couple franco-indien s'apprête à quitter notre groupe. Fini le rêve. Terminus. La femme française a déjà senti, comme nous, son mari changer d'attitude. Il est ici chez lui, sa famille l'attend. Une quinzaine de personnes sur le quai. On sent qu'elle a peur. Mon amie belge et moi lui faisons de grands signes. Qui me fera de grands signes à moi lorsque j'arriverai au Japon ?

À terre. Partie en excursion avec Matsa. On loge au Taj Mahal, palais tout de marbre et de place perdue. C'est magnifique et inutile, mais dans cet inutile il y a de la majesté. Même les pales des ventilateurs semblent royales. Restaurant réfrigéré absolument glacial. Transpiration incontrôlable à l'extérieur. Le corps est sollicité de toutes parts. Odeur, vue, toucher, cette ville promet tout.

Touffeur de la nuit. Envie de serrer le corps de Pierre. Fuir dans le sommeil. Fuir dans la ville avec Matsa. S'abrutir de marche. Se perdre et ne retrouver son chemin vers l'hôtel qu'en suivant des repères. Grand arbre qui pleure au-dessus d'une hutte au croisement. Rails de chemin de fer avec mur peint en bleu. Échoppe avec vache couchée là presque sur la route. Au retour, la vache a bougé, je me perds. Et c'est bien.

Tramway local. Bondé. Mains que je sens à travers ma robe ou je me trompe ? Je me retourne. Mille visages me fixent dans les yeux. Qui oserais-je donc accuser ?

En marchant, regarder l'habitat. Pas de zone d'ombre. L'anarchie. Constructions serrées les unes contre les autres. Aucune protection contre la ville, contre la masse, contre le bruit. Ici on est dans l'immersion ou rien. D'ailleurs, partout, des hommes ou des enfants dorment au sein du chaos, sous une charrette, sous une arche ou une branche, sur le rebord d'un muret si étroit qu'on se demande comment ils n'en tombent pas, ou à même le sol qui n'est autre qu'un mélange de terre battue et de poussière, sur le cadre d'un vélo, au prix de contorsions auxquelles pas un corps européen ne résisterait.

Bombay encore, pluie diluvienne. Aussi soudaine que violente. Personne n'y échappe. Chaque recoin est pris d'assaut. Matsa et moi trempés jusqu'à la corde. Sentiment de nettoyage profond tandis qu'au même moment la ville se transforme en bourbier. Je surprends des regards sur ma robe qui colle à mon corps.

Matsa comme tout bon Japonais veut faire un golf. Mais ici, dans ce pays de castes sous influence anglaise, on ne vous reçoit pas comme ça. Le golf pour gens de couleur est assez loin. J'accepte d'accompagner Matsa pour voir du pays. La lumière est intense, le sol une gadou. Très vite une boue rouge couvre mes jambes jusqu'aux genoux. Au golf, un jeune Indien m'a nettoyé les pieds, les jambes, les baignant dans une cuvette d'eau tiède. Dévotion. Lenteur. Sensualité. Lui dire merci avec les yeux.

Tour de silence au-dessus de laquelle tournoient les charognards, corneilles, corbeaux et vautours. Les morts d'une secte particulière y sont déposés face au ciel, dévorés par les oiseaux. Je lève la tête vers ce nuage noir et bruyant fait de plumes qui luisent au soleil. On dit qu'ils commencent à manger les cadavres par les yeux. Entrer en aveugle dans l'autre monde donc.

Ceylan

Ce nom sur les boîtes de thé. Livre de Kipling. Asie rêvée. Éléphants et palmeraies. Dans les petites rues sombres, déambulation charmante. Repas magnifique à base de riz. Repartir. Les Ceylanais au corps si mince, perchés sur des montagnes de marchandises. Un peu de douceur à prendre pour elle-même, leur beauté agit, plus besoin de chercher de consolation. Grâce à recevoir telle quelle. Se forcer à ne pas comparer.

Singapour

Hôtel Raffles. Trois jours d'escale. Orchidées, palmiers nonchalants, moiteur étouffante. Et partout des visages qui parlent d'ailleurs. Indiens, Indonésiens, Malais… Blancheur éclatante des bâtiments contre couleurs et or des tenues.

Le Raffles est pensé pour cette ville. Fenêtres aux persiennes qui laissent circuler l'air. Galeries à l'ombre d'avant-toits qui ménagent du soleil. Je me sens très loin. J'ai quitté ma vieille Europe il y a des siècles, me semble-t-il. Ai-je quitté mon âme ?

Ai pu envoyer un télégramme à Pierre : *Mon corps a chaud. Mon cœur a froid.* Je l'ai ensuite regretté.

Partout des montagnes de fruits dont beaucoup inconnus. Certains qu'on n'a pas envie d'approcher, d'autres pas envie d'ouvrir tant ils sont magnifiques. Piquants, poilus, cabossés, brunis, oxydés, jaune vif. Chair blanche parfumée, épinglée de grains noirs, chair orange aussi glissante qu'une savonnette, pépins noirs comme des grains de beauté piqués dans la pulpe. Régal des yeux et du nez. Dans le quartier malais, j'observe les maisons traditionnelles. Pilotis sur terre battue pour mettre à l'ombre poules et animaux. Planches volontairement disjointes afin de laisser passer l'air. Tout est amovible pour s'adapter aux aléas des pluies et du vent, de la chaleur et de l'humidité. Des occultants en bambou tressé filtrent l'air. Habitat traditionnel, pauvre, qui contient l'essentiel. Maisons intelligentes, conçues selon les besoins et non selon l'ostentation. Partout des orchidées ployant sous leurs fleurs plongent, tête en bas.

Il faut repartir. Je ne sais plus si j'ai envie que ce voyage continue, émaillé d'escales, ou si j'ai hâte d'arriver au Japon et de me mettre au travail.

Hong Kong

Coup de foudre pour cette baie. Pour les milliers de jonques qui la sillonnent. Aussi minuscules que des jouets ou larges, vastes et lourdes, elles sont toutes sur le même modèle, leur voile raidie de tiges de bambou leur donnant l'allure de squelettes de poissons. Ici aussi, bâtiments coloniaux exemplaires, blancs, crémeux, immaculés qui martèlent la présence de l'Occident sur un mode démonstratif opposé au grouillement de milliers d'hommes qui transportent, achètent, vendent, livrent, négocient, accroupis sur leurs talons, chargés comme des bêtes de trait, crachant à tous propos. C'est sale et propre à la fois, enchanteur et étourdissant. Au marché, on avance au corps à corps. Les odeurs s'infiltrent en vous, certaines inconnues, repoussantes. Le chinois se hurle, ne se parle pas. Des milliers de panneaux à gros caractères, non sans une certaine élégance parfois, occupent sans cesse le champ visuel, barrent la vue quand on lève les yeux. Les collines vertes et feuillues qui cernent la baie paraissent inaccessibles.

Ici, les Japonais ont été interdits de descendre en ville. Après un interrogatoire plutôt bon enfant, on m'a laissée aller. Mon amie belge a décidé de m'accompagner cette fois. Elle se sent plus en sécurité qu'à Bombay, me dit-elle. Pourtant la présence anglaise est à peu près la même, plus visible ici sans doute car dans un périmètre plus restreint. Une heure de balade, c'est vite passé. Regards échangés avec certaines Chinoises, éblouissantes d'allure dans leur robe à col mandarin sous l'ombrelle de papier. Des Occidentaux me dévisagent. On croise des femmes européennes, blêmes, poudrées, un renard en étole jetée en travers de la robe. Qui est cette femme au teint hâlé et aux cheveux dorés en bataille, se disent-elles, cette fille de la mer, de la montagne qui échoue ici dans cette enclave. Je surprends mon reflet dans une vitre, j'ai l'air d'une grande enfant, la robe fripée, la peau luisante, les cheveux désordonnés, les yeux grands ouverts sur ce monde que je ne connais pas. La vie est de mon côté. Désordonnée, inquiétante, inconnue, déplacée, mais vivante.

Formose

En territoire japonais, c'est nous, les non-Japonais, qui sommes interdits de descendre cette fois. Sur le *Hakusan Maru*, les Japonais sentent qu'ils approchent de chez eux. L'ambiance change. La mélancolie cède la place à l'excitation. Au bout de quelques heures, on repart. Direction Shanghai.

Shanghai

Dans l'immense delta du fleuve Yang-Tsé-Kiang, devant nous le Taiyamaru comme un avant-goût du Japon. Sur le paquebot, Kunio Maekawa, un des premiers Japonais rencontrés au 35 Sèvres vers 1927-1928. Avant Saka. Par télégramme, il m'annonce qu'il arrive à Shanghai. Il faut croire que nos destins convergent. Lui est ici pour construire des écoles à

Shanghai. L'ai retrouvé sur le quai comme si nous nous étions quittés hier. Mais j'ai senti une distance avec lui dès que j'ai prononcé le nom de Saka, une sorte de compétition sourde lorsque je lui ai annoncé mon projet. Naïveté de ma part de croire que nous sommes une grande fraternité. Naïveté de penser qu'étant la seule femme dans ce monde d'hommes, j'abolirais les distances, les clivages. Une pensée pour Corbu. Seule femme au 35 Sèvres au milieu des collaborateurs. S'affranchir des hommes pour être soi. Pour leur montrer. Et puis un jour, peut-être, revenir par la grande porte. L'avenir le dira. Ou pas.

Quitter Shanghai. Partout des pauvres sans grâce, des riches sans générosité. Un Orient sale et abîmé. Ambiance poisseuse. Quelque chose de frelaté.

Vague à l'âme. Mon amie belge me quitte ici. Elle rejoint son fiancé dont elle m'a tant parlé. Senti son cœur se contracter à l'approche de Shanghai. Décidément, chacun sur ce paquebot se crispe dès qu'il arrive à bon port. Aujourd'hui, c'est son tour. Shanghai l'effraie et la fascine. Elle se demande si les Russes blanches prêtes à tout ici, paraît-il, n'ont pas fait des dégâts en son absence. N'aie crainte, amie, si l'amour est fort, le monde s'aligne. Je me surprends à parler à haute voix. Pour moi-même ? Pensées vers Pierre.

Étrange télépathie. Un télégramme de Sakakura est arrivé au même moment. Il évoque Pierre : *Bien reçu lettre Durban. Stop. Ai lancé télégramme demandant nouvelles Jeanneret. Stop. Envoyé gros bagage jusqu'à Yokohama. Stop. Serai Kobe à ton arrivée. Courage, Salut.*

21 août 1940

Typhon entre ici et Yokohama. Il faut débarquer. On a frappé à ma porte pour me dire que c'était maintenant, qu'il fallait faire vite. L'ombre de la guerre à nouveau ici. Pour moi arrive l'heure du Japon. Enfin ? Déjà ?

Après les villes chamarrées, mélancolie japonaise. Foule soumise, uniforme, pressée. Rien ne dépasse.

Arrivée à Kobe. Pour vingt-quatre heures. Bœuf de Kobe. Restaurant raffiné. Tatamis, futons, bain brûlant. Pas d'Européens. Défense passive. Répétition d'alerte incendie. Hommes et femmes en habits traditionnels font la chaîne pour se passer des seaux d'eau. Dérisoire face à la vraie guerre. Saka me regarde consterné. Je commence mal. « Ne nous juge pas du haut de ta France, dit-il. Tu es dans un pays féminin intuitif, presque hystérique. »

Évoluer parmi les hommes m'aurait-il enlevé ma part de féminin ? Je pense en homme. Mène ma vie en homme. Il va falloir faire un effort. Sortir de moi-même.

Japon

Carnets de la Vérité

Une année japonaise 1940-1941

Mon voyage s'achève dans ce Tokyo tant aimé. Comment résumer cette année de folie.

Je suis épuisée. Inquiète. Pas pu écrire aussi souvent que je le voulais. Alors, au terme de cette expérience, reprendre mes pensées, dénouer le fil de mon action ici. Ai-je réussi ? Je le crois. Autant que je désirais le faire ? Peut-être pas.

Fin juillet 1940, le Japon a envahi la Cochinchine. J'ai appris la nouvelle sur le bateau, déjà en route vers le Japon. L'Amérique a mis le pays sous blocus. J'entends dire que les descentes de police se multiplient dans les ateliers d'artistes, que des revues d'art sont sabotées. Foujita est revenu au pays en héros national. Quand je pense qu'il a été l'ami de Léger et Picasso ! Ici, il ne peint désormais plus que des croûtes nationalistes, des scènes de bataille au service de la propagande, prouvant ainsi, sous la majesté d'un grand maître, sa plus grande servilité. Mal au cœur.

Pensées en vrac ce soir. Immense fatigue mais excitée. Presque une année passée au Japon et mille choses à faire, certaines accomplies, d'autres à réaliser. À la force du poignet. Comme je l'avais promis, j'ai fait circuler le film sur la nouvelle technique de ski à la française. Le film est passé dans tous les cinémas ici. Petite victoire me suis-je dit car les Nippons skient à la française désormais abandonnant la technique autrichienne d'avant-guerre, jusqu'à ce que la censure coupe les allusions à la France. Mais enfin, la Savoyarde que je suis triomphe. C'est un triomphe solitaire, comme je le suis à peu près partout et tout le temps depuis ces derniers mois. Seule avec tous mais seule. J'ai pourtant ici rencontré des artistes, des architectes, des journalistes, des fonctionnaires et des intellectuels de tout bord, communistes, vichyssois, des nationalistes… je suis devenue amie avec Robert Guillain, le correspondant de l'agence Havas et son assistant Branko de Vukelich, déjà rencontré à Paris en 1932. Mais je demeure la seule femme au milieu d'eux. Seule femme toujours partout.

Dominique, mon amie belge, est venue me voir ici. Parenthèse féminine et européenne. Elle se posait des questions sur ses désirs, sur l'homme qu'elle a rejoint à Shanghai. L'épouser ou pas ? L'aimer, jusqu'où ? Faire sa vie avec lui, contre lui, pour lui, jusqu'où ? Elle est restée une semaine. Elle vient de partir. Que de nuits blanches et d'alcool ! Enfin pouvoir parler librement et en français sans attendre la traductrice car ici on ne parle pas du sujet, on le cerne, m'a-t-elle expliqué un jour où je lui demandais pourquoi elle mettait tellement de temps à exprimer en japonais ce que je venais de dire. Avec mon amie, échanges directs, esprit au scalpel, vivacité, connivence. Une amitié de traversée, deux mois et demi en mer qui comptent autant qu'une vie. Elle vient de retourner à Shanghai, rassurée, certaine de son avenir avec l'homme qu'elle aime. Aujourd'hui, devant mon journal, un peu de silence ne nuit pas.

Où est l'homme que j'aimais ? Je n'ai pas eu le temps d'y penser ces derniers mois. Je n'ai eu le temps de penser à rien. À rien d'autre qu'accomplir ma mission ici. Mais ces dernières heures, discuter de tout cela m'a fait sauter au visage la déshérence dans laquelle se trouve mon cœur. Oublier la guerre, travailler comme une forcenée, se battre contre les lenteurs de ce pays que j'aime par-dessus tout, oui, mais et moi dans tout ça ?

Je réalise que les premiers jours à l'hôtel Impérial de Tokyo ont donné le ton aux mois qui allaient suivre : mettre en sourdine ma vraie nature, devenir diplomate et contrôlée, m'oublier et surtout répondre sans cesse aux mille questions posées par les étudiants, les journalistes, les artisans… Par la suite, lors de mes conférences, à nouveau des batteries d'interrogations sur les conditions actuelles de l'art industriel dans le pays, l'organisation de l'institut, les perspectives après la guerre dans ce domaine, le surréalisme qui a marqué la peinture japonaise… « Doit-on continuer à dormir sur les tatamis, ou dormir dans des lits ? » ou « Faut-il continuer à s'asseoir sur les tatamis ou sur une chaise ? Faire des tables à hauteur des chaises à la place des tables basses ? Porter des vêtements à la japonaise ou à l'européenne ? » Dépositaire du modèle occidental – de la supériorité occidentale devrais-je dire si je me place du point de vue de certains étudiants et « maîtres » locaux –, je n'ai eu de cesse de démontrer la supériorité de l'œil japonais. Mais dès qu'il est dans l'imitation du modèle occidental, ce dernier devient grossier, naïf, crédule. À tout cela j'ai tenté de répondre dès le début de mon voyage par une injonction de liberté.

J'ai vu ici un grille-pain reproduit d'après une photo, pas à l'échelle, hors dimension, totalement inapproprié car les Japonais ne mangent pas de toasts. Idem pour un coquetier, trop grand pour un œuf de poule, trop petit pour un œuf d'autruche, il y a très peu de poules ici et on ne mange pas d'œufs à la coque. Mais dans les coins les plus reculés, j'ai rencontré la pureté absolue d'un bol en poterie grenue, dont le calibre et la lourdeur sont idéalement pensés pour se caler dans la paume car le thé à la japonaise se sert dans un petit bol sans anse qui, au creux de la main, se love et s'élève comme une prière. Tous ces objets naturels, anonymes, humbles et fonctionnels m'ont mille fois mieux parlé du Japon que ses tentatives d'imiter l'Occident. Ici, il n'y a pas une si grande différence d'esprit entre la conception d'une maison familiale et le palais de l'empereur. Un choc quand on vient comme moi d'une Europe où l'architecture aristocratique et bourgeoise toise l'habitat populaire.

Un mois après mon arrivée, le 25 septembre 1940, eut lieu ma première visite à Kyoto que je n'oublierai jamais. J'y ai enfin rencontré le potier Kawai dont j'avais admiré les œuvres à Tokyo. J'ai découvert le Palais impérial et la villa de Katsura ainsi que le parc éblouissant de la villa Shugakuin. C'était si beau que ce ne sont plus les mots qui me venaient mais des dessins. Ils sont là devant moi aujourd'hui lorsque j'essaie de résumer ces derniers mois. Et puis l'obsession des Japonais pour la ficelle que j'ai commencé à relever partout : dans les champs contre les oiseaux, fils tendus avec divers bouts de ficelles, tissu, papier… Dans les boutiques, beaucoup d'objets pendus à des ficelles comme autant de mobiles au vent, presque des jouets d'enfant. Dans la religion, dans les temples, bouts de papier calligraphiés attachés par des ficelles, oiseaux votifs, sensibles au moindre souffle.

À Tokyo, rencontré Sōetsu Yanagi, fondateur du musée Minshuteki Kogeï inauguré il y a quatre ans. Il m'a ouvert les portes d'ateliers de multiples d'artisans aux quatre coins du pays. Son musée expose des centaines et des centaines d'objets issus des potiers tels Hamada et Kanjirō Kawai, des teinturiers Serizawa, Morimoto et Yamaguchi… Dans les vitrines, c'est la Chine ancienne, la Corée, le Japon artisanal et paysan des sans-grade – pourtant sa vraie noblesse – qui sont rassemblés. Je m'attendais à découvrir un pays insulaire, coupé du monde, géographiquement oui, mais il est pris dans un réseau de filiation et d'héritage qui a pour source tous les pays voisins. De quoi oxygéner mon travail ici. J'ai découvert au nord du Japon, l'usage de la paille, du bois, de l'écorce d'arbre… des chaussures en paille de toutes formes, des mélanges libres et ingénieux à base de vieux restes de vêtements (Si tu étais là, Léger, tu aurais adoré ces trouvailles de chiffonniers), des habits pour protéger de l'intempérie renforcés aux endroits d'usure avec de vieux restes textiles. Ce qui donne la beauté et la vérité à ces objets c'est qu'ils servent tous les jours. Leur fonctionnalité est indissociable du quotidien. C'est ce Japon que j'ai voulu promouvoir et faire revivre toute cette dernière année alors qu'on attendait que j'édicte des préceptes parisiens, occidentaux, hérités du Bauhaus et de Corbu. Certes, j'ai approuvé la forme issue de la fonction prônée par la Bauhaus, mais au-delà j'ai voulu y ajouter la notion de son rapport à l'homme, sensible, à l'œil, au toucher, même à l'oreille pourquoi pas, comme ces bouilloires en fonte de Morioka, couvertes de petites pustules ; décor gratuit ai-je pensé ? Non, elles font chanter l'eau. Il est étrange de constater qu'ici j'ai pourtant retrouvé des principes mis en œuvre au 35 Sèvres, et déjà là bien avant que nous y pensions. La fonctionnalité, le vide, la modularité, le moins préférable à l'excès, la prédominance de l'utile sur le décor, c'est l'immense revanche de l'objet honnête en somme. Le purisme est japonais.

Ici, je n'ai pas voulu parler d'architecture mais de vie. Mon objectif a été de redonner le sens de la création à ces artisans, cristallisés dans leurs traditions, emmurés par la production d'objets inanimés copiés dans les revues.

Partout, je me suis promenée avec mon mètre et j'ai tout mesuré : la hauteur des fusuma, des plafonds, des *shoji*, la superficie des sols en terre battue, des tatamis, des moustiquaires afin de comparer les normes européennes et japonaises. Je suis demeurée émerveillée par le système très sophistiqué de mesures japonaises indexé sur les tailles des tatamis et leurs multiples ou par le niveau du tokonoma et l'accroche des œuvres au mur déterminée par la hauteur du regard en position assise à la japonaise.

Ici, faute de métal consacré à l'effort de guerre, on m'a initiée aux mille possibilités de quelque 150 sortes de bambou, cet acier végétal si résistant que j'ai pu le substituer à mes tubulures d'acier parisiennes. J'ai aimé discuter avec ces hommes qui, dans le secret de leur atelier, œuvrent à produire un objet dont l'authenticité fait immédiatement autorité, sans afféterie, sans tambour ni trompette, dont la justesse innée et discrète confère un statut essentiel. Alors que le ministère du Commerce et de l'Industrie me demandait de jouer un rôle d'éclaireur et d'arbitre pour les arts appliqués nippons, j'ai compris très vite que donner des conférences, pérorer sans fin devant les pontes du système ne mènerait nulle part, ne me permettant d'espérer aucune postérité à mon projet. C'est agir qu'il fallait ici. Assez de verbiage. Très vite, une exposition réunissant les éléments nécessaires à l'équipement de l'habitation issus des meilleurs artisans en poussant leur technique le plus loin possible mêlant esprit moderne et tradition japonaise, m'est apparue comme la solution. En septembre 1940, les grands magasins Takashimaya ont accepté mon projet d'exposition baptisé : « Sélection, tradition, création ».

Avec mon petit Saka, et mon assistant Sōri Yanagi, on est allé fêter ça. Ils m'ont emmenée dans un de ces restaurants où lever le petit doigt pour faire quoi que ce soit est inadmissible, c'est même mal vu. Me lever tout court aussi d'ailleurs. Crampes atroces dans les jambes, douleurs aiguës dans les genoux et le dos à force de rester assise sur les talons, posture intenable pour moi. Saka en a beaucoup ri. Moi aussi. Il m'a fait la morale, me conseillant de ravaler mes points de vue cartésiens sur les aberrations du comportement japonais. Ici pas un serveur, pas un maître d'hôtel, que des femmes vouées au service et en particulier au service des hommes puisque les femmes sortent très peu. Étrange sentiment d'être toute-puissante et confrontée à la nécessité de prouver quelque chose en plus puisque je suis une femme et que mon salaire est supérieur aux personnes de haut rang. Je suis ici le parfait (et le seul ?) exemple d'une minorité triomphante. Saka est plus déluré que Sōri car il a vécu en France. Je leur raconte mes premières impressions : l'immédiate attirance pour les petits enfants et les bébés d'ici. Leurs mimiques, leur poésie, leur liberté, leur petit corps qui court, joue, ou emmailloté sur le dos de leur mère, endormis, tête balançant dangereusement à chaque pas. Leur statut de petit roi n'a d'égal que la répression qui suit dès les premières années d'école dans l'obéissance aux codes qui vont très vite les brimer. Pendant le dîner, la bière aidant, Saka s'est lancé : « Tu aimes beaucoup les enfants. Pourquoi pas d'enfants Charlotte-*san* ? » Nous étions tous un peu ivres, mais je suis restée sans voix. Saka a rougi. Moi aussi, je crois. Des enfants ? Pourquoi pas. Mais avec qui ?

Ces enfants, ils m'ont accompagnée partout. Lors de mes visites dans des coins reculés du Japon ou sur la plage de côtes désertes uniquement habitées de pêcheurs locaux, combien de fois ai-je entendu le martèlement des getta des petits courant pour me dépasser et s'arrêter net devant moi. Avant de détaler en hurlant. On m'a expliqué que je ressemblais au diable, yeux bleus, cheveux rouges. Chez Kawai où je suis invitée à dîner, la petite fille de la famille qui me découvre à table part pleurer dans sa chambre, épouvantée. Tout le reste du dîner, je sens son regard qui m'épie dans l'ombre où elle se cache.

Je découvre un Japon à la fois endormi dans un mode de vie feutré, celui des ancêtres, alors que la nouvelle génération est prise dans une ère dominée par la tension et la rapidité. Le temps des objets utilitaires et sentimentaux a changé. Avec Sōri Yanagi, nous avons échangé avec gravité sur ce qui attend ses pairs. Grave problème, à la jeunesse qui sort des écoles d'Art, il ne reste que l'embauche dans une usine d'armement et le service militaire de cinq ans.

Les conférences, les visites d'instituts, d'écoles, d'artisans ou d'industriels dans les villes et les coins perdus m'ont conduite quasiment partout dans ce Pays du Soleil Levant. En six mois, j'ai monté mon exposition et fait réaliser des objets au croisement de mes théories et de la tradition japonaise, même si l'interdiction d'utiliser le métal, l'aluminium, le verre et le plastique (réservés à l'effort de cette satanée guerre !) m'a interdit d'aller plus loin. C'est d'ailleurs une pince à sucre en bambou créée par l'institut de Tokyo qui m'a donné l'idée de transposer la chaise longue en acier chromé de 1928 en utilisant la flexibilité de cet acier végétal. Le résultat est magnifique. Cette nouvelle plasticité ajoute de la sensualité au corps allongé qui danse sur ces armatures végétales. Il faut, quand je rentrerai à Paris, que je dispose comme cela m'a été donné ici, d'un réseau de fabricants, d'institution et de grands magasins qui me soutiennent. Y parviendrai-je ? Il m'est arrivé de pleurer de fatigue dans le silence de ma chambre, une fois rentrée de mes multiples tournées, ou dans un *onsen*, soudain, lorsque plongée dans la source chaude, une fois que les voisins de bain sont partis, j'y ai ajouté des larmes. Pourquoi ? La fatigue sans doute. Mais aujourd'hui je peux aussi ajouter la solitude, la formidable solitude devrais-je dire, de pouvoir tout gouverner ou presque dans cette vie japonaise.

Matsa, que j'ai retrouvé à Tokyo sans son coq et ses poules, en bon ethnologue, m'a fait découvrir un

Japon où tout est habité par les Kami, ces esprits du vent, de la montagne, des nuages, de l'air et de tant d'autres choses… Ce sont eux les véritables habitants de ce pays. Avec lui, nous sommes allés dans des régions qui n'avaient jamais vu d'étrangers, j'ai pu assister à des cérémonies de toutes sortes, des plus païennes au plus religieuses, des plus archaïques aux plus sophistiquées. Fascination devant la dimension chamanique de la religion Shinto. Partout j'emmène mon appareil photo, je prends des centaines de clichés que je légende ensuite. J'aime ce travail d'inventaire. Mes quelques soirées libres à Tokyo, je les ai passées au Kabuki et au théâtre Nô. Matsa en a la meilleure définition : « Une heure d'immobilité pour marquer l'action fulgurante (prévue dans un temps imprévu), l'éclair. C'est tout le Japon. » Avec Francis Haar, qui a établi son studio photo à Tokyo au moment même de mon arrivée, on documente tout ce qu'on peut, notamment le théâtre. Il me semble que j'ai inventorié le pays tout entier, de la façon dont l'habillement traditionnel évolue vers une tenue plus occidentale qui donne à tous l'air de porter des uniformes, jusqu'aux musiques anciennes et contemporaines. J'aimerais publier cette recension du pays sous forme d'ouvrages et d'articles si la guerre m'en laisse le temps.

Aujourd'hui, je ris en pensant à ces séances de travail chez le tisserand Tatsumura, au coin du feu. Déjeuner de fruits, de poisson, mais le tout mélangé aux obis, les ceintures traditionnelles, aux échantillons textiles. Un bout de poisson, une couleur rouge ? Un fruit, un tapis. Du pain, un rideau… quelle pagaille ! Avec Tatsumura, il fallait avoir un cerveau à compartiments.

À l'heure où chacun se séparait, où ma fidèle traductrice, Saka et Yanagi rentraient chez eux, il m'est arrivé de penser à ma vie française avec une mélancolie assassine.

La guerre ici, ce sont des matériaux interdits mais ce sont aussi des mots interdits. Rien à dire dans les lettres, dans les télégrammes. Se méfier de tout. La censure règne. D'ailleurs, dans le catalogue de mon exposition, je n'ai pas voulu citer le nom de Picasso, taxé ici d'art dégénéré et décadent, calqué sur les discours fascistes italiens et nazis. J'ai pu y faire figurer celui de Fernand Léger inconnu des censeurs. C'est aussi une des raisons pour lesquelles j'écris ce mémo à rebours, au seuil de mon départ, car je l'emporte avec moi sans que d'autres yeux viennent y lire mes pensées. C'est ainsi que je les ai appelés *Les Carnets de la Vérité*. Il y a aussi cette calligraphie du caractère qui signifie « Vérité », dessinée par le bonze Kaïso, que j'ai fait réaliser sur un tapis fabriqué par la société Tohoku Shinko Nippon. Sur un autre en laine noire, j'ai fait reproduire en blanc le tracé naïf, presque primitif, des graffitis à la craie photographiés sur le *Hakusan Maru*.

Au sein de tout ce que j'entreprends, doit demeurer l'énergie primitive et intacte, inaliénable de l'enfance, ce geyser créatif qui ne théorise pas, cette « vérité ». J'ai visité plusieurs expositions de dessins d'enfants ici. Les plus intéressants provenaient des petits des écoles maternelles, avant l'âge de cinq ans. À dix ans, toutes les belles qualités du geste primal cèdent la place à des images se voulant représentatives. Un gâchis. C'est parmi les dessins des tout-petits que j'en ai choisi un : cinq personnages tenant une sorte d'immense sabre. Je l'ai fait reproduire sur une toile de deux mètres quarante de large par Saburo Hasegawa, peintre de style occidental de l'institut de tissage Tatsumura de Kyoto. Ken, son collaborateur m'a expliqué ensuite combien son maître avait cherché à retrouver la liberté du geste de l'enfant, cette Vérité à laquelle je tiens tant.

Pour revenir à mon exposition du 27 mars 1941 : après sept mois d'études de problèmes et de techniques nouvelles, rien ne semblait encore au point. À la veille de l'exposition, tout est arrivé miraculeusement et sans aucune défaillance, ce fut mon étonnement et ma plus grande récompense. Les trois jours et les trois nuits qui précédèrent l'ouverture m'ont rappelé nos nuits de charrette au 35 Sèvres, mais ici j'ai été confrontée à la raideur nippone. Moi n'ayant pas dormi, mais habituée. Eux, les jeunes assistants, étaient comme hagards. Sōri Yanagi m'a raconté, alors que je ne m'en suis pas vraiment aperçue sur le moment, que les artisans ne comprenaient plus rien à force de nuits blanches. Ils ont fini par se mettre en grève. J'ai continué seule et entêtée à travailler, les larmes aux yeux, tendue vers mon but, ivre de fatigue.

À l'aube, les artisans, ne supportant plus de me regarder faire, ont fini par céder et se sont remis au travail. Finalement, l'exposition « Contribution à l'équipement intérieur de l'habitation Japon 2601, Sélection, Tradition, Création » a ouvert sous le patronage du ministère du Commerce et de l'Industrie, dans les grands magasins Takashimaya à Tokyo puis deux mois plus tard à Osaka. Il paraît que plus de trente mille visiteurs sont venus.

Je perçois aujourd'hui toute la contradiction de cette mission pour ce pays assoiffé d'ouverture et tellement crispé sur son passé. Pour preuve, il a été rajouté « 2601 » à l'intitulé, année du calendrier ancien que le pays a repris récemment pour se différencier de l'Occident. Le but de ma mission a été bien entendu de tracer une perspective, mais aussi de préserver le Pays du Soleil Levant de l'art décoratif européen. J'ai cherché plutôt à établir des lignes parallèles et éventuellement des points de contact. Cette exposition est un point de départ pas un point d'arrivée. C'est pourquoi j'ai fait accrocher à l'entrée de l'exposition deux grands tirages photographiques : la villa Katsura ouvrant sur le jardin et la Maison du week-end construite en 1935 par Corbu et Pierre tant il m'a semblé évident que leurs recherches des années 1920 rejoignent les thèmes développés à l'échelle du Japon depuis le XVe siècle.

Malheureusement, à l'exposition annuelle des objets fabriqués pour l'exportation, le comité a sélectionné cette année mille objets sur quatre mille. À la table d'honneur figurait ce qu'il y avait de moins sobre et de moins bon goût. À quoi servent les conseils de simplicité, dans les couleurs et dans la beauté technique, délivrés ces sept derniers mois ? Je me le demande. Cette année, le jury a évincé M. Sakakura, qui aurait pu contribuer à défendre et à poursuivre le travail que j'avais commencé. Un camouflet de plus. Pourquoi m'avoir fait venir ? Pour saboter en une fois le pénible travail déjà fait et les fruits qu'il aurait pu porter ?

Aujourd'hui, m'est revenue ma lettre envoyée à Georges Blanchon à Grenoble. Le ministère des Affaires étrangères japonais m'avait demandé de participer à des échanges avec l'Amérique entre autres. J'ai perçu cette invitation comme une respiration enfin entre les deux pays. Le courrier prend des semaines et passe parfois par la Sibérie, il a fallu encore à ma lettre des mois pour me parvenir. Elle est datée du 28 mai 1941. Je la relis, les larmes aux yeux, car elle me confirme, s'il en était besoin, combien je suis isolée ici : *J'ai la tête à l'envers. Vous aurez une drôle de petite Charlotte à soigner à mon retour, heureusement qu'il me reste la consolation de vous retrouver. Quand ? Je ne partirai en Mandchourie et à Pékin que le 1er septembre cette année. L'Amérique ? J'y songe pour un passage et pour parler bien sérieusement avec Sert, mais dans mon cœur je veux revenir en France et vers vous... Que devient Corbu ? Bon Dieu ne le laissez pas choir. Il faut le voir et si possible, il faut tous vous aider et vous soutenir !*

Mais nous sommes en automne ! Je suis toujours là. Les relations avec l'Amérique se sont considérablement envenimées. Il n'est plus question d'y partir. La censure et la répression s'infiltrent désormais partout ici. J'ai décidé de ne pas renouveler mon contrat. Il faut partir. Je voulais rentrer en France en passant par les États-Unis pour y revoir mes amis Sert, Léger, Paul Nelson. Sert m'avait trouvé deux correspondants américains : Paul Nelson que j'ai connu à Paris dans les années 1930 et le conservateur du Musée d'art moderne de New York, James Johnson Sweeney, que Léger m'avait présenté. Le blocus empêchant tout bateau de partir, je me suis concentrée sur la conférence sur ma mission japonaise, sur des projets de publication pour le Japon et sur une autre conférence traitant de l'organisation des Arts appliqués que j'aimerais justement présenter aux États-Unis et en Indochine. Je viens d'accepter de présenter une exposition à Hanoï, à la demande du ministère du Commerce, assortie d'une conférence sur l'art et l'artisanat japonais. J'ai bien conscience que, ce faisant, je suis du côté de l'envahisseur, mais mon secret espoir est de revoir des amis français.

Il n'y a aucun bateau pour les États-Unis, pays honni par le Japon désormais.

Cahiers d'Indochine
I

Décembre 1941

Train et petit avion jusqu'à Formose.

Là, première escale dans une auberge à la japonaise.

Solitude. Tristesse. Abattement. Vrai sentiment d'abandon pour la première fois depuis mon départ de France. Tout est incertain. Où sont ceux que j'aime ?

Départ pour Hanoï. Les côtes littorales en dentelles, les méandres épais et gras des fleuves immobiles, l'enchevêtrement des deltas et rivières, de la mer qui lutte sans cesse avec la terre. Tout me renvoie à l'état chaotique de ma vie.

Vu d'avion

La route toute droite de Haïphong à Hanoï. Je me prends à rêver que c'est un signe, un symbole, que l'avenir va s'aligner à l'image de cette voie tracée en coup de sabre. Des îlots de verdure semés çà et là, probablement des petits villages, agrégés autour d'un point d'eau.

Hanoï

Une semaine après mon arrivée à Hanoï, Pearl Harbor a été attaqué par les Japonais. Il y a moins de six mois, tout semblait aller vers un rapprochement. Le Japon contre l'Amérique, tout se dégrade. Le Japon en guerre aussi en Chine depuis de nombreuses années. Partout où je me trouve, la guerre est sur mes talons.

À Hanoï, demandé audience à l'ambassadeur du Japon, Yoshizawa. Nous étions convenus, avant que je ne rejoigne le Japon, que le pays faciliterait mon retour vers la France. Fin de non-recevoir, l'ambassadeur m'a dit froidement : « Les temps ont changé. » Les militaires font la loi. Partout.

Hanoï encore. L'anti-Japon. Bruit, chaos, foule. La nature envahissant la ville. Oiseaux venus de la forêt. En liberté ou dans des cages d'osier au marché. Quelques voitures. Beaucoup de Français.

Le lendemain, la presse annonce ma visite. Du coup, on me cherche. Rencontres.

Charton, directeur de l'instruction publique, chaleureux, franc, sans fioritures sur la situation du pays, plus ou moins coupé du reste du monde si je comprends bien. Autarcie de gré ou de force.

Rencontré des Savoyards, c'est incroyable ! Ici, au bout du monde. On veut exaucer mon envie : la chasse au tigre. On m'indique une sorte de chaman de la chasse aux félins, une jeune femme qui vit dans un village reculé. Il faut lui apporter des balles en remerciements. On me prête un fusil, des munitions. On m'emmène en voiture. Arrivée sur place, personne. La nuit est tombée. On me fait comprendre qu'elle est partie chasser. J'insiste, je veux la retrouver. Sac à dos, lampe frontale. Marche. Enfin mon élément. Cris d'animaux, piaillements, feuillage qui bruisse. Au bout de plusieurs heures d'attente, voilà la fille. Magnifique. Sauvage. Parle français et donne des instructions dans son dialecte. Me dit qu'elle me retrouvera au matin dans le village où je vais dormir.

Au matin, battue organisée pour moi. On me poste sur une digue de rizière. Pieds nus dans la boue tiède. Jambes bouffées de sangsues. Fusil à la main. Coups de feu. Un cerf. Cadeau au village de la bête. Retour au village.

La nuit même, retourner à la chasse au tigre avec la fille. La nuit tombe vite et tôt. On part, moi devant, lampe allumée. Elle suit, fusil sur l'épaule, poignard à la ceinture, silencieuse, un chat. Bruit à gauche. Fausse alerte. Un chacal, me dit-elle.

Route à fleur de montagne. Racines d'arbres qui piègent mes pas. Et puis, à gauche, deux yeux dans le champ de ma lampe. Elle dit : « Tigre. » J'épaule, je vise. Et clic. Rien. La gâchette de sécurité était enclenchée. Flagrant délit de ridicule.

Elle dit : « Éteindre la lampe » et disparaît en deux secondes, avalée par cette jungle noire, sans lumière, sans rien. Je reste seule, immobile. Essayant de me fondre dans cet habitat qui prend immédiatement une tournure hostile. Prière intérieure. Ne bouge pas. Ne bouge pas. Ne bouge pas. Respiration limitée, ne pas signaler ma présence. J'entends que ça remue dans les fourrés. En deux secondes, ça fonce sur moi. La chasseresse. Revenue. Visage fermé. Bredouille. Me fait signe qu'on repart. Un tigre dérangé ne revient jamais le soir même. Dans le halo de ma lampe, des papillons qui me frôlent comme une caresse. Enfin de la douceur. Le lendemain, visage et cou gonflés, difformes. J'en pleure. Papillons urticants. Fièvre.

Retour à Hanoï. On m'apprend pour Pearl Harbour, « vous ne savez donc pas ? » que j'entends comme : « Partir à la chasse, mais quelle vanité ! » Nouveau sentiment de honte. Et de panique aussi car toutes mes affaires sont restées au Japon.

8 janvier 1942

Conférence. État de l'architecture du XXe siècle (Corbu, Aalto, Jeanneret, Mies van der Rohe) rapprochée de celle du XVIe siècle japonaise. Petit succès. Jonchère, directeur des Beaux-Arts ici, se dit prêt à m'accueillir.

Moi je ne pense qu'à une chose : retourner au Japon.

Partir enfin

Premier faux départ. Malentendu. Je m'y suis mal prise, j'ai trop parlé. Retour à la case départ. Envie de disparaître. Mais la rage d'être prisonnière ici me donne des ailes. Je m'y prendrai mieux la prochaine fois. Ne rien dire, préparer ma fuite dans le plus grand secret.

Deuxième tentative réussie. J'embarque sur le navire de guerre japonais le *Shikago*. Seul fou rire intérieur de ces derniers jours lorsque je me dis que j'embarque pour Chicago, moi qui voulais tellement partir en Amérique. Suis seule à trouver ça drôle bien sûr.

À bord, suis sur le territoire japonais. Déjà une première étape. Je souffle un peu. Pluie fine. Bruine chaude. Brouillard. Tout est baigné dans une brume d'eau qui floute les contours. Vingt-quatre heures à quai. Dans mes bagages, quatre lettres remises par l'ambassadeur. Pour les différentes polices japonaises, de terre, de mer, du port et pour le gouverneur général de Taïwan. Crispation.

Et là erreur fatale, depuis le pont, regarder partir la flotte japonaise en route pour la prise de Singapour. Qu'ai-je fait ! Je suis perçue comme dangereuse. On me demande mes papiers. On me débarque. En résidence surveillée dans une auberge. Policiers dans la chambre de droite, idem dans celle de gauche. Huit jours ainsi. Huit jours sans sortir. Pluie diluvienne.

Devenant folle, je demande à sortir. Autorisation accordée. Mais au cinéma, sous surveillance policière. Je voulais de l'air, j'ai du noir. Et des informations de propagande sur l'écran. Quelle sortie ! Au moins j'ai bougé.

Enfin, on vient me chercher. Voiture pleine de policiers. Interrogatoire. Photos. On me conduit dans une cabine sur un autre bateau. Ne pas bouger. Ne pas poser de questions. Faire l'idiote.

Images de jungle qui me reviennent. Un tigre est quelque part dans les fourrés. Il m'a frôlée peut-être, mais il faut l'ignorer.

Le navire vogue. Vers où ? Aucune idée. J'écris dans ce journal à la dérobée.

Port de Shimonoseki

Une vedette de la police me débarque. Commissariat du port. Il fait froid. Impression de ne jamais sécher. Je me serre contre le poêle. Même routine. Questions. Photos. Pour faire illusion, j'ai dessiné des plans de meubles dans mon journal, le transformant en document de travail. Ça passe de justesse, on me laisse mes cahiers, seuls compagnons de fortune depuis des mois.

Une nuit en rade.

Le lendemain, train pour Tokyo. Petite victoire. Jubilation secrète. Un policier m'accompagne jusqu'au quai.

À l'arrivée joie : Saka, Matsa. Retrouver leur chaleur. Ils m'ont pris un billet pour Shiga, au nord, vers la neige. « Fais-toi oublier », disent-ils.

Shiga

Silence absolu. Ici la neige est si cotonneuse qu'elle ressemble à du duvet de cygne. Tout est amorti. Vie ouatée et sportive. Dormi pendant les premiers jours. Puis ski tous les jours. Plus d'un mois est passé. Grande blancheur. J'oublie enfin un peu. Je pense à Pierre et nos virées en montagne. Je pense à lui, mais ne me souviens plus de sa voix. Rêves obscurs, très profonds, montée de larmes au réveil. Skier jusqu'à la douleur. Peau très brunie. Et puis comme des petits miracles, pendant le ski oublier tout. Impression de grande joie qui revient. Comme si, au fond, nous n'étions faits que de cela. Je sais que c'est faux, mais ça me soulage. Quand je ne skie pas, je marche. J'ai délaissé mon cahier. En finir avec les mots. Revanche du corps.

Tokyo

Retour peu glorieux. Pas un sou. Entraide. Amitié. Saka a fait en sorte que je dorme chez les Nishimura. Seule obligation, récompenser la bonne de la maison. Un policier me surveille. Tous les jours, il vient interroger maman Nishimura. Insolent. Vulgaire. Mal élevé. Arrogant. La honte. Ma honte. À elle, il demande pourquoi elle héberge un espion en puissance. Dix personnes à table tous les jours. Rationnement. Nishimura m'explique le bouddhisme. Rester calme, tranquille, travailler moins, gagner moins, dépenser moins, manger moins, remuer moins, aimer moins. D'accord. Mais rêver moins ? Cela m'est impossible.

Certains soirs, un « fantôme musicien » passe dans la rue – Matsa l'appelle ainsi –, personnage à la tête recouverte d'un tube de paille enfoncé jusqu'aux épaules, jouant du pipeau avec la plus grande tristesse, faisant l'aumône d'un peu de riz pour nourrir une âme intranquille. Certains soirs, cette âme errante, c'est moi.

Marcher dans la ville où tous les caractères européens ont été retirés. L'étranger n'est plus le bienvenu. Je suis les lignes de chemin de fer pour ne pas me perdre. Partir.

1er décembre 1942

La flotte française s'est sabordée à Toulon il y a quelques jours. La nouvelle achève de souder l'âme japonaise à certains Français encore en grâce ici. Témoignages d'admiration et d'amitié pour cet acte japonais.

Ce matin, coups sourds au loin. On sort dans le jardin. Premiers bombardements sur la ville.

Le policier nous harcèle. Odieux.

Fin décembre 1942

Il faut partir. Je deviens un poids pour les autres. Plus d'argent. Plus rien à faire. Inquisition insupportable. Police partout.

Réception à l'ambassade française en mon honneur. Mes amis sont là. Des proches se sont cotisés pour financer mon départ. Cœur serré.

Dernières heures ici, j'écris à Pierre :

Je cultive mon enthousiasme et j'espère tellement que vous faites tous de belles choses et que vous construisez l'avenir malgré tout, cela me donne le courage de supporter le côté un peu négatif de mon odyssée. J'apprends infiniment de choses et de pensées nouvelles, mais malgré notre Saka, Maekawa et des amis magnifiques qui veillent sur moi comme des frères, après deux ans de séjour, je rêve vraiment beaucoup à vous. Je vais partir dans quelques jours pour l'Indochine, cette lettre est donc un au revoir du Japon où je fus très heureuse. Aucune décision n'est prise pour le moment. En Indochine, je dirigerai l'artisanat et j'aurai encore l'occasion de faire connaissance avec un tas de choses nouvelles. À moi la chasse aux tigres ! J'étais déjà une fois à la chasse dans ce pays, je n'ai vu qu'une panthère et j'ai oublié de tirer. Mais au diable la chasse aux fauves, je préfère la douce perdrix de nos régions et de nos montagnes couvertes de neige. Je cultive l'idée de faire l'Himalaya à la fin de la guerre. Je compte sur tous les amis pour organiser l'expédition, j'ai déjà deux amis gonflés sur le projet. Mais je compte encore et toujours revenir au sein de ma petite équipe et y goûter la joie de vivre dans un travail régénérateur. Les derniers jours, j'avais l'âme tellement triste, mais j'ai confiance et mon sourire est revenu, nous sommes des êtres d'enthousiasme et de foi, nous vivrons… dans un monde nouveau que nous construirons. L'accouchement est douloureux c'est tout…

Je repars demain pour Hanoï, dix mois après mon premier voyage là-bas. Quelle ironie !

Le 14 décembre 1942.

Carnets d'Indochine
II

Retour à Hanoï

Est-ce parce que j'étais seule ? Parce que j'ai eu peur ? Est-ce parce qu'il me semble que tout s'écroule autour de nous ? Je ne sais pas. Je n'ai pas la réponse à ce rendez-vous étrange que me fixe le destin. Ce rendez-vous se nomme Jacques. Jacques Martin. Je suis amoureuse. L'amour oui, mais jusqu'où ? Au prix du renoncement à ma liberté ? Jamais.

Et si c'était lui, Jacques, l'homme qui permettrait que je ne sois plus seule ? L'homme qui donnerait un sens à tout cela ? Seule au milieu des hommes, seule à me battre, à voyager, naviguer, seule à habiter le monde. Si c'était lui ? Celui qui me permettrait de bâtir l'univers à ses côtés, ensemble. Celui qui croit comme moi en un idéal où les femmes seront à l'égal des hommes, celui avec qui j'irai reconstruire le Japon, la France, celui avec qui l'enthousiasme ne faiblira pas, avec qui être une femme et être libre ne sera pas un problème. Celui avec qui liberté d'entreprendre, de voyager, de penser, de créer ne sera jamais incompatible. Je ne sais pas si ce sera possible. Je le sens c'est tout. C'est une décision. Ne jamais attendre des preuves pour s'en convaincre. Jacques. Jacques. Jacques.

Il me semble qu'enfin le monde s'éclaire. Là où tous les pays échouent à faire alliance, je réussirai. Quelle ironie, rencontrer Jacques, loin de nos bases, de la France, loin de nous-mêmes mais en étant, finalement ici, à bout de déracinement, plus que jamais nous-mêmes ! En exil, de l'autre côté de mon cher pays qui me manque, c'est sur ce versant le plus âpre que commence autre chose, à Hanoï, où j'ai rencontré Jacques en me heurtant d'abord à lui comme à un mur. Et puis… le cours des choses a changé.

J'ai voulu reproduire ici mes plans, mon action menée au Japon, mais Jacques Martin, directeur des affaires économiques du pays, dit non à à peu près tout. Timide peut-être, observateur, en retrait, introverti, mais doté d'un humour très subtil, cet homme est mon exact opposé. Je suis revenue tant de fois à la charge qu'il a fini par me donner carte blanche. Me confiant ainsi à sa seule autorité sans doute. Pas meilleur moyen de m'avoir à l'œil.

J'ai visité les grands sites du pays. Et puis l'éblouissement devant cette ville de pierres et de silence qu'est Angkor Vat, citadelle entourée d'eau et de jungle, en lutte perpétuelle contre les racines, les moussons, le pourrissement. Tension du minéral volcanique et du foisonnement vert grouillant, entre terre fertile, grasse et boueuse, et les pierres noires. Il fait une chaleur suffocante. Le moindre geste génère des litres de transpiration, les tissus européens collent au corps et n'ont plus aucune tenue. Seuls ici sarong et blouse légère semblent laisser passer l'air. Une jeune femme que je suis allée voir à Phnom Penh m'a aidée à adapter mes vêtements à un pays où l'eau est si présente partout qu'on semble la respirer. Mes cahiers ont la mollesse du chiffon tant le papier devient mou. Visite du Cambodge et de sa magie sombre où se mêlent hindouisme et bouddhisme, où les déesses ensorcelantes aux seins nus visibles sur les bas-reliefs invitent à la lascivité, où les dieux Hanumān et Shiva fusionnent humains et divinités. Dans le ciel du soir, les colonies silencieuses de chauves-souris aussi majestueuses que des oiseaux de mer quittent leurs abris pour envahir la nuit. La lenteur et la chaleur, l'humidité et le silence, points cardinaux de ces terres paysannes. J'ai rencontré des artisans, des tribus, des groupes ethniques, méfiants ou accueillants, parfois encore plus isolés que les paysans japonais, leurs constructions sur pilotis calculées pour correspondre à la hauteur d'un dos d'éléphant, leur Modulor à eux en somme. Pays de laqueurs car il faut de l'humidité et de la chaleur pour fabriquer la laque, pays de vannerie, où on tresse en silence les tiges de joncs parfois aussi coupantes qu'une feuille de boucher.

Jacques et moi sommes des navigateurs. Dès que la guerre a éclaté, il est parti sur des navires en mer de

Chine, jusqu'à arriver ici. Le hasard s'est chargé du reste. Combien de routes détournées pour aboutir à notre rencontre. Peut-être avions-nous besoin de parcourir le monde et moi de bifurquer chaque fois pour que les aléas, les trains pris au dernier moment, les bateaux ratés, les embarquements ou les espoirs de fuite infructueux, bref, tout, nous ramènent à cette rencontre, à cette minute où Jacques m'a finalement invitée à dîner, ici à Hanoï, après tant de rendez-vous dans le strict cadre de ses affaires et de sa mission.

Un grand retour en France un jour ? Très bientôt j'en suis certaine. Parfois, je me surprends à penser qu'à pied en passant par la Chine, ce serait possible.

Mettre mes plans au service de la fonction de Jacques. Curieuse impression de me retrouver à nouveau sous l'œil d'un homme qui va changer ma vie. Rue de Sèvres c'était Corbu. Ici, c'est Jacques. Mais c'est l'amour qui fait la différence. Rien qui ressemble à ce qui s'est passé avec Pierre. Il a été complice, amant, frère d'armes et bâtisseur de rêves. Jacques dirige les affaires du pays, ne connaît rien à l'assemblage de tubes d'acier, comment réaliser une chaise ou construire la charpente d'un abri de montagne. Et tant mieux, lui tout d'idéologie et de réflexion, d'idées et de concept, taiseux et droit, moi dans le faire, dans l'action, dans le voyage et la rencontre, dans la parole et l'ouverture. Attraction des contraires. Je lui ai proposé de prendre en charge le développement de l'artisanat local pour répondre à la demande du marché qui s'étouffe dans une autarcie mal gérée. Comme au 35 Sèvres, j'œuvre sous le regard d'un maître, cette fois en tant qu'Inspectrice des arts appliqués et Directrice de l'artisanat, mais nous ne sommes pas deux à discuter dessins et réalisations. Pardessus tout, Jacques me fait confiance.

Mai 1943

Voilà. Nous nous sommes mariés. Je suis heureuse. À Dalat, pas loin du lac, entre les pins. Échapper à la touffeur de Hanoï pour quelques jours. Prendre de la hauteur dans les montagnes. Jacques très ému et heureux, très pudique toujours sauf lorsqu'il manifeste son humour à l'anglaise, détaché, sec et si drôle. Moi, heureuse aussi, encore un peu ahurie peut-être par le retournement – un de plus – des choses. Mon deuxième mariage après Percy. Entre ces deux cérémonies, que de voies complexes et lointaines empruntées ! J'ai voulu épouser Percy pour quitter ma famille et être libre, j'épouse Jacques pour être libre et construire peut-être une famille. Ce pauvre Percy m'a permis d'embrasser pleinement mon désir d'autonomie en bâtissant, aménageant, construisant. Il me semble aujourd'hui qu'il est l'heure de placer dans ces plans de l'humain, le couple que nous formons avec Jacques, et pourquoi pas des enfants. Je n'ai cessé d'imaginer comment des êtres, et surtout des femmes, pouvaient se mouvoir au sein de l'habitat que je leur proposais. Désormais, il est temps de construire pour nous. J'ai annoncé à mes amis d'outre-monde – éparpillés par la guerre – notre mariage. Robert Guillain m'a répondu de Tokyo, où il développe une mentalité de Robin Crusoé, dit-il : « *...ce que tu as fait était bien, je le crois d'autant plus que j'ai eu l'occasion ici, à Tokyo, de connaître quel chic type est ton mari.* »

Ici, je fais travailler tous les artisanats qui échappent aux interdictions et à la pénurie. J'enseigne, je documente, j'inventorie, j'explique, encore et toujours. Est-il possible de reproduire ce que je veux faire pour le pays à l'échelle intime ? Pour un homme, pour des enfants ? Est-il possible de convertir ma vision d'architecte mise depuis tant d'années au service d'humains que je ne connaissais pas en un plan de vie à usage personnel ?

Cette famille, la mienne, celle que je compte fonder avec Jacques, sera-t-elle mon terrain d'observation pour penser encore plus justement l'habitat de demain ? Jacques et moi discutons beaucoup de nos visions politiques, de mes convictions marxistes, de mes aspirations sociales, de la façon la plus juste de faire primer le collectif sur l'individuel. Il n'est pas toujours d'accord. Premiers exemples de la chimie d'un mariage ? Eh bien si c'est ce dont il s'agit, alors c'est passionnant. Avec Jacques, il n'y a plus de rupture entre l'œuvre à réaliser et celle qui s'accomplit chaque jour. Nous discutons de tout. Je partage avec lui les grandes lignes de mon exposition de décembre. À peine six mois pour réaliser tout ce que les ressources du pays dans le domaine textile permettent de produire. Ici, quasiment pas de laine, ni coton, mais soie, jute, kapok, ramie et jonc. Encourager la production locale pour remédier à la pénurie de l'offre. Bizarre comme on meurt de chaud à Hanoï, mais comme les hivers peuvent être rudes au Tonkin.

Hier

Je suis allée chercher Jacques pour déjeuner. Sa secrétaire me fait signe de ne pas entrer. Tout le personnel a l'air paniqué. Jacques est resté enfermé dans son bureau de dix heures du matin à quatre heures de l'après-midi. C'est que ce matin-là, un général japonais est venu réclamer la moitié d'une cargaison de riz juste arrivée par bateau à destination du Tonkin qui crève de faim. Jacques s'est opposé à la requête du Japonais. En tête-à-tête, yeux dans les yeux, le sabre du général posé entre eux sur son bureau, dans un silence absolu, Jacques et le militaire n'ont pas échangé un mot car le premier qui parle perd.

C'est tout Jacques dans cette histoire.

Depuis l'après-midi, il pleut des bombes sur Hanoï. Détonations sourdes, hurlements, feu partout. Bombes incendiaires, me dit-on. Jacques est venu près de moi. On se serre dans une cave rongée d'humidité, moi priant pour que ce ne soit pas là notre dernier caveau. Hantise de l'éboulement, d'être enterrés vivants dans ce pays qui n'est pas le nôtre, que la

France croit être le sien. Autour, certaines maisons commencent très vite à brûler. Bruits d'éclats de verre. J'entends des plaintes au loin et puis des silences plus assourdissants encore. Qu'est-ce qui se tait ? La mort ou la vie ? Il y a des moments de pause où on espère que c'est fini puis un bruit de moteur ravage le ciel et passe sur nos têtes. Nous sommes livrés à l'arbitraire. Tombera ici ou pas ? Mourra ou pas ? Aujourd'hui ? Ou demain ? Sortir de l'abri, mais quand ?

Dans ma tête, je repasse mille fois les plans d'une possible maison, notre maison, au bord de la mer. Un avant-toit qui protège du soleil et de la pluie, des chambres et espace de repos disposés en vis-à-vis autour d'un patio rafraîchi d'une voile de bateau pour l'ombre et la ventilation. Des pilotis pour compenser la déclivité du terrain et garantir une vue sans obstruction de part et d'autre. Je ne sais pas encore où nous la construirons, mais je veux croire qu'elle sera notre refuge. Y penser me permet d'oublier où nous sommes, de laisser les bombes tomber en pensant à un ailleurs serein. Au fond, je comprends que je ne conçois d'habiter le monde que dans la tension perpétuelle entre habitat humain collectif et refuge loin des hommes. Balancier entre besoin et répulsion de son prochain.

Jacques et moi sursautons ensemble lorsqu'un impact très proche fait trembler toute la maison. Des vitres se brisent à l'étage et se fracassent en un carillon lugubre. Puis plus rien pendant de très longues minutes. On n'ose ni bouger ni se regarder. On respire le plus calmement possible, c'est-à-dire qu'on ne respire pas. Puis peu à peu, dans l'apaisement d'après la colère, on entend des cris déchirants, des pleurs d'enfants, des hurlements de bêtes parfois, des aboiements fous qui montent dans le soir, angélus macabre, appels à l'aide ou à en finir. Il faut sortir, aider, porter secours. Il faut sortir et ne pas avoir peur. Et pourtant j'ai peur. Je ne pensais pas qu'en fuyant si loin, la guerre me rattraperait ainsi, là, ici. Il faut sortir et consoler. Nous sommes vivants. Jacques et moi, nous nous regardons, conscients de notre chance. Dehors, les flammes qui s'élèvent par endroits éclairent la nuit. Brasiers auxquels personne ne se réchauffe.

Je suis enceinte.

Mars 1944

Elle est née, cette petite moi, elle est née, ma petite fille, ma Pernette, mon Perneco, ma toute petite. Elle est née sous un orage d'acier, pendant les bombardements, elle m'a fait souffrir, elle a pris son temps mais elle est née, saine et sauve, magnifique, aussi minuscule qu'un chaton. Mon enfant, ma création, elle est née, ma fille à qui je souhaite la liberté, le vent, la mer et la neige comme compagnons d'ivresse et de liberté. Elle est née mon enfant miraculeuse, petite et parfumée comme une dragée humaine, belle à mourir. Elle est si vulnérable, si minuscule alors que les bombes tombent du ciel. Elle n'y peut rien. Elle ne sait pas.

Elle ne sait rien de cette guerre qui éloigne les êtres chers, divise, classe en catégories les êtres à détruire, ceux à tuer, d'autres à garder vivants, ou captifs. Elle ne sait rien de tout cela, rien de mes vagabondages à travers le globe. Elle ne sait rien de ce cher Japon où nous retournerons peut-être, rien de l'aride Grèce du mois d'août, des cordées en montagne, de la lumière glorieuse sous l'azur de midi, rien des millions de cigales qui hurlent dans la fournaise des golfes de l'Adriatique. Je le lui raconterai, elle me suivra partout. Comme moi, elle sera universelle, voyageuse, libre et aimante. Comme moi, elle ira où elle veut que le vent la porte. Comme moi, elle bâtira pour les hommes et contre eux, contre leur bêtise et leurs restrictions.

Jacques bouleversé en silence devant notre enfant.

Ma Pernette, à peine née, tu es déjà en mouvement. Nous avons quitté Hanoï, quelques jours après ton arrivée au monde. Tu voyages déjà. De gré ou de force. Comme moi. Près des montagnes de Dalat, près de l'eau de ses lacs bleutés. Nous sommes bien. Toi et moi, ma petite fleur de printemps. Ma coccinelle. Les bombes ne te détruiront pas et pourtant j'ai bien cru que notre dernière heure était arrivée. Les bombardiers américains ont pilonné si fort que j'ai eu peur que tu sois lacérée à mort dans ton berceau par les vitres brisées. Heureusement que ta Tiba a jeté une couverture sur la petite baignoire qui te sert de lit. Ici, loin de tout – enfin presque – un peu de répit, mais tu ne manges pas. Il faut manger ma petite fille. Il faut vivre. Moi qui ai désormais charge d'âme, je ne sais plus si je regrette, non bien sûr que je ne regrette pas, cette liberté d'être seule, sans attache, autonome. Désormais je vis dans l'angoisse de voir s'éteindre, de voir être abîmée ou fatalement blessée cette petite vie que j'ai amenée en ce monde. Tous les matins, une demi-heure de marche pour te chercher du lait frais dans cette ferme perdue en forêt, mais rien à faire, tu refuses presque tout. Tiba te nourrit patiemment, cuillère après cuillère même si cela prend des heures. Je ne veux pas te perdre.

Comme moi, tu iras conquérir le monde et le monde te grisera. Tu vas rencontrer ta grand-mère, elle qui m'a inculqué le goût d'accomplir et d'être libre, le goût de la responsabilité et des grands espaces. Tu es comme nous, de notre sang, résistante et tendre, telle la coccinelle savoyarde dont tu portes le nom patois. Rouge, vive, porteuse de chance, fille de giboulées.

Depuis notre arrivée ici, je passe des heures à m'émerveiller devant ce petit corps chaud perdu dans ses rêves dont les yeux bougent sous les paupières. Parfois, ma fille semble faire des cauchemars terribles. Être née sous des bombardements, que lui en restera-t-il ?

Rien ici ne se passe comme au Japon. Les artisans font ce qu'ils peuvent et même s'ils sont exceptionnellement doués de leurs mains, la guerre nous entrave, le pays est pauvre et sans beaucoup de ressources. Nous sommes pris entre l'enclume japonaise et le marteau américain. S'il n'y avait pas Jacques et Pernette, je penserais que ce séjour ici m'a fait perdre du temps et de l'énergie. Ma mission me semble inutile et vaine. Je n'arrive à rien. Néanmoins, tous les jours, se réjouir d'être vivants, se réjouir du Perneco et de l'amour.

Je pars voir Jacques à Saïgon. À peine née et déjà séparée de son père. Jacques nous manque et nous lui manquons, mais il tient bon, en silence, face à la pression japonaise et aux bombardements. Je lui donne des nouvelles moins alarmantes qu'elles ne le sont vraiment de notre petite P. qui ne mange toujours pas.

Jacques est seul. Je ne le suis pas. Notre petite P. me tient compagnie, même si elle est bien fragile.

La maison d'Yvon et Yo Segalen a été totalement bombardée. Yo, elle aussi à Dalat.

Mars 1945

Dalat. Pernette a un an. Jacques arrivé de Saïgon pour une nuit. Avons fêté la première année de P. Elle babille ma petite fille, elle commence à peine à dire : « Papapapa. » Jacques bouleversé, discret et fou de bonheur, repart le cœur léger et lourd à la fois.

10 mars 1945

À Saïgon, ça va très mal. La radio vient d'annoncer que le pays se rend à l'autorité japonaise après leur coup de force de la veille. Les Français doivent rester chez eux. Nous ne sommes plus les bienvenus.

13 mars 1945

Voilà, c'est fini. Jacques vient d'être arrêté. Emmené par la police japonaise. Il s'y attendait, mais c'est autre chose de voir des hommes hostiles saisir de façon brutale celui qui leur a fait face jusqu'à la dernière minute. Ils ont frappé à toute volée à la porte. Le boy a ouvert. Jacques n'a opposé aucune résistance bien sûr. Nos regards se sont croisés. Ils ne m'ont pas laissée approcher, pas laissée lui dire au revoir. Je ne sais pas si nous survivrons à tout cela. Si Jacques reverra Pernette. Je ne peux pas l'imaginer. C'est inimaginable. Pernette hurle chaque jour. Je hurle au-dedans. Je ne nous imagine pas sans lui. Elle sans père. Lui sans elle. Jacques, en partant, a dit : « Ne t'inquiète pas, Charlotte, ne t'inquiète pas, ma chérie. » Non bien sûr, ai-je voulu lui dire, mais aucun son n'arrivait à sortir de ma gorge. Rien que l'effarement et l'incompréhension. Assam sur mes talons, Tiba avec le Perneco dans ses bras, je me suis retournée vers elles, vers ce qui est désormais une maison de femmes, toutes vaincues, Assam l'Indochinoise, Tiba la Tonkinoise, moi la Française et au milieu de nous, qui s'agite et hurle, petit Perneco, force de vie, élan vital que même la maladie de l'année passée n'a pas éteint. On vivra pour toi, ma Pernette.

J'ai tout fait pour avoir des nouvelles de Jacques. On ne me laisse pas aller le voir.

Pernette depuis hier montre tous les symptômes du choléra. Nous sommes désormais assignées à résidence et sous la surveillance d'un officier japonais en permanence. Je fais des allers et retours avec la maison du médecin voisin. L'officier japonais a apparemment déjà entendu parler de moi au Japon. Il est odieux, mal élevé, vulgaire, ordurier. Il me fait comprendre qu'il ne portera la petite valise que j'ai préparée pour Jacques que si j'y place une bouteille de whisky, qu'il volera bien sûr. J'y ajoute une rose pour que Jacques – ou ses geôliers – la trouve là où il est.

J'assiste impuissante à la fragilité de ma petite P. Ils ne t'auront pas, ma petite fille.

C'est à moi aussi que je parle.

Je viens de virer le boy. Aussi effacé qu'une ombre, il s'est retourné contre nous au profit des Japonais. Je ne veux pas d'un traître à la maison. Assam est terrorisée, persuadée que je vais le payer de ma vie si je m'en débarrasse. Il comptait là-dessus. Il est parti. Notre cercle se réduit à nous, trois adultes et une enfant. On se regarde en silence, en se demandant laquelle de nous cédera la première.

27 mars

Un jeune Français vient de quitter la maison. Je ne le connais pas, il travaillait pour le médecin, me dit-il. Il me prévient que je vais être arrêtée. Seuls ses derniers mots résonnent comme la vraie sentence, la véritable menace qui mettrait fin définitivement à ma résistance car, avant de repartir sur sa bicyclette, il dit très bas mais clairement : « Ne prenez pas votre enfant avec vous. » Glacée d'effroi, je me suis précipitée dans la chambre de Pernette pour la serrer dans mes bras. Ce ne sera pas tout de suite, ce ne sera pas maintenant, ma coccinelle, mais peut-être demain ou après-demain. Ce sera passager, ce sera temporaire, je te le jure et ensuite, j'en fais serment, nous ne serons plus jamais jamais séparées. Je la serre si fort, j'ai tellement peur qu'elle éclate en sanglots. Ses pleurs sonnent plus fort que des bombes.

29 mars

L'aube commence à poindre. Je n'ai que quelques minutes à consacrer à ce journal. J'ai fait des malles toute la nuit. J'ai préparé un petit sac pour Pernette avec ses jouets préférés, ses vêtements, son petit monde d'une année qu'il est difficile de contenir, l'inventaire de son univers, un hochet fait d'une noix dans laquelle bougent des grains de riz, un petit âne en tissu, devenu tout mou à force d'être tripoté, un sarong miniature que je lui mets en foulard quelquefois pour sa plus grande joie. Je retiens mes larmes. Si je m'écroule, tout s'écroule.

Mon scénario est le suivant : faire partir Pernette chez le médecin avec sa Tiba par la porte arrière pendant que je vais ouvrir. Parlementer. Expliquer que je dois rester à attendre ma fille malade, leur demander de revenir le lendemain pour m'arrêter et d'ici là on verra bien.

Tout a marché comme je l'avais prévu sauf qu'ils ne reviendront pas demain ; c'est moi qui, sur une déclaration sur l'honneur, dois me rendre à eux.

30 mars

Nous sommes au seuil d'avril et je quitte la maison de Dalat. J'ai quitté Pernette, confiée aux voisins. Jacques est en prison. Il me semble que mon âme quitte mon corps. Je suis une morte vivante, un fantôme qui fait ce qu'on lui demande de faire, se rendre aux Japonais. Décidément, quelle histoire j'ai avec cette nation ! J'ai réussi à emmener mon journal en disant au garde japonais que c'est mon livre de prières et que je prie tous les jours en invoquant toutes sortes de dieux. Le Japonais comprend à moitié, sceptique, mais me laisse l'emporter.

J'ai laissé P. aux soins du médecin voisin, hurlant, avec ses affaires. Mon Assam m'a conseillé de fuir dans la forêt avec elle. Hors de question, tous ceux qui s'y sont risqués l'ont chèrement payé.

Je me suis dirigée vers la maison qu'on m'avait indiquée pour y rester là, cloîtrée et surveillée ainsi que cinq autres Françaises. Nous parlons peu, réduites au silence, méfiantes, sous la surveillance permanente d'yeux qui nous épient par une embrasure de porte, par les fenêtres, jamais directement en notre présence. L'une d'elles, qui s'appelle Anne-Marie, m'a dit : « Vous savez, il ne faut pas avoir peur d'être fragile. »

Je pense à ma petite P., à Jacques, à nos conversations sans fin sur mes idées politiques avec lesquelles Jacques n'est pas d'accord. Est-ce que le Perneco a cessé de pleurer quand je suis partie ? Va-t-elle se laisser mourir de faim, elle qui refuse encore trop souvent de se nourrir normalement. Se sent-elle en sécurité ? Je ne quitte pas l'esprit de ma petite, en pensée avec elle, je la relie à Jacques pour convoquer l'image d'une trinité que rien ne pourrait vaincre. Je ne sais pas encore combien de temps je vais rester ici. J'ai peur de perdre l'image de leur visage.

Avril

Pernette m'est revenue ! Pernette ma coccinelle du printemps m'est revenue ! Un miracle, enfin ! Comme chaque jour, je me poste à la fenêtre et regarde la route qui longe la maison. Et je n'y ai pas cru, j'ai vu passer un officier japonais poussant une brouette avec ma fille sur la caisse. On me l'a apportée, mouillée de larmes, mais tellement câline quand elle m'a vue. Ma petite chérie, un des morceaux du puzzle que nous formons. La famille du médecin qui l'a recueillie a été délogée et expulsée, mise dans un train en partance. Les Japonais et leur sens de l'organisation m'ont retrouvée. Ma Pernette, mon enfant, ma petite colombe qui a roucoulé toute la nuit à mes côtés, toutes les deux sur notre matelas de fortune où nous nous sommes endormies ensemble. Les autres femmes de la maison m'ont aidée à prendre soin d'elle, se relayant autour de ce petit bout de vie pour la bercer. Même le Japonais de garde essaye de calmer ma petite fille, fasciné qu'il est par ses immenses yeux bleus. Comment faire passer un message à Jacques ? Comment lui écrire qu'il nous manque tellement ? Je redoute de lui écrire au prix de notre vie. Et je me jure que plus rien jamais ne me séparera de P.

La nuit dernière

Un soldat japonais a fait lever Anne-Marie en pleine nuit. Il a voulu qu'elle joue pour lui seul une sonate de Chopin. Immédiatement nous autres qui sommes obligées de laisser nos portes grandes ouvertes en permanence avons été alertées que quelque chose d'anormal se passait. Nous redoutons ce genre de débordement. Nous sommes sorties de nos lits et nous nous sommes placées en sentinelles discrètes dans l'embrasure de la porte du salon, assises par terre, les yeux collés de sommeil, la tête lourde, mais sans jamais quitter des yeux Anne-Marie qui a joué ce qu'elle pouvait, terrifiée, en chemise de nuit, devant l'officier qui ne la quittait pas des yeux. Nous étions avec toi, sœur de malheur, sœur de défaite, nous étions avec toi lui ont dit en silence nos cœurs à l'unisson. Feignant l'admiration, nous n'avons pas écouté ce Chopin qu'elle a massacré. Nous n'avons pas quitté des yeux les mains du Japonais qui battait doucement la cadence sur ses propres cuisses, assis un peu en retrait d'elle, dans son dos, prêt à la toucher s'il en avait envie, la frôlant presque.

Les notes s'égrenaient comme un supplice, lentes, lyriques, grinçantes. Je voyais sur les bras d'Anne-Marie des vagues de chair de poule, elle frissonnait de peur tandis que la transpiration commençait à dessiner deux grandes auréoles sous ses bras.

La fin du morceau est arrivée. Elle a posé ses mains sur le couvercle du piano puis l'a rabattu violemment sur le clavier. Ça a été son coup de génie. Tout le monde a sursauté. Elle a eu raison. Soudain, il n'a plus été question de romantisme, de sensualité et de douceur. Fin du rêve. Sans un mot, elle a ainsi ordonné à cet homme de la laisser aller se coucher, captive peut-être, mais ni soumise ni possédée. Lorsqu'elle s'est retournée, elle nous a vues, l'une assise en tailleur, l'autre adossée à la porte, moi ne pouvant plus tenir ma position accroupie mais ne voulant pas déserter, Pernette endormie dans mes bras et elle a compris alors, je crois, ce que peuvent accomplir certaines femmes pour leur semblable. Sans un mot, le soldat japonais a quitté notre maison. Nous nous sommes remises à respirer, à pleurer de joie presque.

Une nouvelle est arrivée ici. Elle s'appelle Blanche. Une jeune institutrice célibataire dont le fiancé lui-aussi a été arrêté, mais elle ne sait pas où il est. Nous nous jetons sur elle pour avoir des nouvelles fraîches. Elle nous apprend que dans Saïgon la chasse aux Français s'est intensifiée. Je lui ai demandé si elle connaissait les Segalen. Elle me dit que oui. Yvon a failli se faire lyncher en pleine rue, mais il a été sauvé de justesse par un agent de police annamite. Les Français sont évacués tant bien que mal, mais ils convergent tous vers Saïgon qui est devenue une immense gare de triage pour ceux qui doivent quitter le pays. En haut lieu, il paraît qu'on s'occupe de protéger les biens des expatriés. Un certain Sicard – que je connais – veille à faire partir les Français. Notre tour arrivera, dit-elle. Il a réquisitionné toutes les voitures disponibles pour venir nous chercher ici, à Dalat.

L'espoir reprend un peu. Même ma petite P. pendant son récit a semblé attentive et calme.

29 mars 1945

Partir. À tout prix.

Dans la voiture, toute la journée avec P. sur mes genoux. Elle s'endort. Et puis a faim. Pleure un peu parfois, mais je crois que la plupart du temps elle sent que dans l'urgence il faut se taire. Tenir ce journal m'aide désormais à éteindre mon angoisse. À me saisir des choses. Antidote au chaos ambiant. Interminable route de terre et de poussière. Traversée des forêts et de la campagne, un lac que je ne connais pas au loin. Petites rizières mal entretenues.

Pernette dans son couffin japonais à l'arrière. Je ne connais pas l'homme qui nous conduit. Il est chaleureux, empathique. Il transpire beaucoup. Une vignette en japonais sur le pare-brise doit nous laisser circuler sans être inquiétés. Les autres voitures du convoi tombent en panne. Pas la nôtre. On récupère deux personnes qui n'ont plus de véhicule. L'ambiance change. On ne dit rien. Je prends P. sur mes genoux car il n'y a plus de place. Elle pèse lourd et me donne chaud.

À six heures, nuit noire d'un coup, comme elle tombe ici. Je dis toujours à Jacques que la nuit tombe de sommeil.

Soudain, des phares braqués sur nous. Un camion japonais. Des soldats armés nous encerclent. Il faut rester calme ai-je dit à tout le monde dans la voiture. Petite P. dort comme une bienheureuse. Tant mieux. J'ai montré la vignette en japonais sur le pare-brise. Après son examen, tout se détend. On repart.

2 avril

Saïgon. Mon arrivée a été enregistrée en ville. Petite P. et moi sommes installées dans la maison de Sicard. Comment son parc à jouet, son petit lit et ses vêtements sont arrivés ici, je n'en ai aucune idée. Mais tout miracle est bon à prendre. Même ma nounou chinoise m'a retrouvée. Un miracle de plus. Je n'avais pas pu la remercier en quittant la maison et en lui confiant P. Elle est visiblement émue d'avoir retrouvé bébé surtout.

Bombardements. Nous courons dans la tranchée du jardin. À couvert. Il fait chaud. Il fait humide. Je dirais aussi qu'il fait peur. Pernette impeccable. À côté de nous, un jeune enfant annamite malade, livide et ne pesant presque rien. Pernette l'a regardé. Médusée.

Où est Jacques ? J'espère qu'il n'est pas malade.

7 avril

Pernette a attrapé le choléra. L'enfant malade dans l'abri l'autre jour peut-être.

Elle est livide, la bouche sèche. Son petit corps se vide.

En cyclo-pousse jusqu'à l'hôpital, l'emmener d'urgence. Sœur Pierre, une Française. Calme et diligence extraordinaires. Ça va aller, je crois. On a eu très peur.

Pernette sous la moustiquaire. Un goutte-à-goutte d'un produit américain est fiché dans son bras minuscule. Avec une pipette, je lui donne la becquée. Je me retiens de toutes mes forces pour ne pas flancher devant elle.

Les bombes se remettent à tomber. Vite prendre bébé P. avec moi en faisant attention à la seringue dans son bras et descendre, son corps lourd et léger à la fois collé à moi, se réfugier sous une table. Elle hurle à nouveau. Pour la distraire, je feins de prendre les détonations pour la grosse caisse d'un orchestre qui joue dehors. Le ventilateur est tombé de la table sous les secousses.

9 avril

Je repasse à la maison y prendre le strict minimum. Ne pas laisser Pernette livrée à elle-même. Aux petites heures de l'aube, je pédale comme une folle pour la retrouver, en priant que l'obscurité nous protège des bombes.

10 avril

À l'hôpital, un médecin que je ne connais pas m'a passé un tout petit billet anonyme que je recopie ici : *Passez demain à midi devant le soupirail de l'École normale, dans la rue perpendiculaire, Jacques Martin verra les premiers pas de sa petite fille.*

Je n'en crois pas mes yeux. Un signe du destin. Je ne sais pas qui est cet homme. Je ne sais pas comment il m'a trouvée. L'heure n'est pas à l'enquête, mais aux miracles.

Toute la journée ai parlé en pensée au Perneco pour qu'elle soit capable de sortir de l'hôpital. Elle a repris des couleurs depuis hier. Ses lèvres et sa peau retrouvent de la souplesse. Elle veut jouer, c'est bon signe.

Dois-je mettre sœur Pierre dans la confidence ?

11 avril

À l'aube.

Je passe prendre les plus jolis vêtements de Pernette à la maison. À toute allure, je retourne à l'hôpital. Le plan : marcher lentement devant le soupirail, poser à terre Pernette au dernier moment pour qu'il ait le temps de la voir. Lui parler beaucoup et fort, la faire chanter un petit air qu'elle adore si elle le peut. Que Jacques entende le son de notre voix, le son de notre famille à laquelle il manque tellement devient mon obsession. Nous verrons.

12 avril

Hier. Finalement autorisation de sortie de l'hôpital de P. Elle va mieux, et il a fallu libérer de la place car il y a affluence. Épidémie de choléra et de dengue. Ça ne m'arrangeait pas, du coup un baluchon à trimballer en plus de Pernette pour passer devant le soupirail. À midi moins le quart, j'ai défait la bride d'une de mes deux chaussures. Puis j'ai fait les cent pas avec Pernette dans mes bras. Elle ne comprend pas ce qu'on fait là. Elle veut rentrer à la maison. Peu importe qu'elle pleure ou qu'elle chante, j'ai tué le temps pour arriver à midi pile devant le soupirail. J'ai posé Pernette par terre et le baluchon, en m'accroupissant par terre devant elle pour lui parler le plus doucement et le fortement possible, faisant mine d'être fatiguée de porter tout ce fardeau. La fenêtre du soupirail était fermée et sale. Je ne vois pas s'il y a du monde derrière pourtant j'en ai eu la conviction, on nous a observées. Jacques était-il seul ? Je l'ignore, mais nous sommes restées là autant que possible sans attirer l'attention. J'ai fait un aller-retour devant le soupirail en tenant Pernette par ses deux mains pour qu'elle marche comme avec un déambulateur, le baluchon posé plus loin. Toute petite personne donnant un immense espoir, me suis-je dit en la regardant. Elle a finalement trouvé rigolo de marcher dans la rue, je lui ai dit : « Comme une dame. » Elle était fière. Au deuxième passage devant le soupirail, je me suis arrêtée pour faire mine de remettre la bride de ma chaussure. J'ai alors vu une main, pas celle de Jacques je crois, surgir de l'ombre et s'appuyer à la vitre, bien à plat, les doigts en étoile, paume contre le verre. Et sur la paume était écrit comme au charbon, un arc de cercle en une seule grande ligne, un grand C.

Impossible de retenir mes larmes. Sont-elles de joie, d'espoir ou de chagrin ? Je n'en sais rien encore. Emporter Pernette le plus vite possible. Lui cacher mon trouble. Récupérer le baluchon et disparaître avant que tout ceci ne devienne suspect.

Le reste de la journée s'est passé dans un brouillard dont même Pernette ne m'a pas sortie. Très peur de voir en cette main le présage funeste que nous ne nous reverrons jamais Jacques et moi. Comme si bébé l'avait senti, elle m'a regardée en silence et, pour une fois, s'est tue.

26 avril

Des jours sans écrire. Pernette et moi avons attrapé la dengue. Je ne pouvais plus rien faire pour elle sinon garder sa petite main dans la mienne. Avons dormi collées l'une à l'autre, sueur épouvantable. Ne pas quitter ma petite d'un centimètre. Cauchemar. Nous sombrons toutes les deux dans des abysses de fièvre jusqu'à en perdre conscience. Lorsque je me suis réveillée et qu'elle semblait inanimée à mes côtés, j'ai cru qu'elle m'avait quittée. Je l'ai secouée comme une folle, ses yeux de poupée se sont ouverts sur cette couleur bleue qu'elle a si particulière comme si des carreaux de Delft lui servaient d'iris. J'ai crié. Elle à son tour. Terrifiées, mais vivantes. Nous avons crié ensemble. Quand cela finira-t-il ?

27 avril

Nous avons déménagé à nouveau. Je trouvais la maison Sicard trop éloignée. Les Américains font pleuvoir des bombes. Ils visent la gare de marchandises, les stocks de mazout, l'arsenal. Impossible de rassurer P. pendant les détonations.

28 avril

Deuxième déménagement. Pernette se calme dès qu'elle voit qu'on emporte son petit lit.

Informations contradictoires venues de France et du Japon.

30 juin

On ne sait presque rien de ce qui arrive d'Europe. Okinawa est tombé, paraît-il.

17 juillet

Pétain prisonnier. Pétain va être jugé.

10 août

Il paraît qu'une bombe d'une force sans précédent a été lâchée sur Hiroshima. Dégâts énormes. Ville entièrement disparue, brûlés vifs qui marchent hagards dans les cendres, entend-on ici. Les esprits s'échauffent.

Les Américains vont lâcher cette bombe partout.

15 août

Les nouvelles venant du Japon sont terribles. L'empereur a capitulé. Fin de la guerre ici ? On va nous régler notre compte. Tout le monde échafaude des plans de persécution. Pernette babille des mots. Elle dit : « Papapapapapa où ? » Je ne peux que lui répondre bientôt bientôt. Mais quand ?

21 août

Les Japonais ici c'est fini. On respire un peu. Aucune nouvelle de Jacques. Je me remémore son tête-à-tête avec le général japonais, en silence pendant six heures, duel de regard. S'il est capable de cela, il résistera à tout. On dit qu'ils vont être libérés bientôt. Chez Yo et Yvon Segalen avec P. Des grands rideaux blancs séparent le périmètre des différentes familles. Presque vingt personnes parquées ici. Expérience de la promiscuité. Étrange atmosphère. Jamais vraiment seule, toujours observée. Pas de cloisons coulissantes comme à Tokyo.

24 août

Jacques enfin libre. Hier suis allée le chercher à l'École normale. Mal en point, très maigre, pieds rongés de mycose, marchant très mal. Mais Jacques quand même. Heureuse. Ne pas oublier de le lui dire. Dès son arrivée chez Segalen, nous l'avons fêté. Épuisé, il s'est endormi au milieu de notre popote improvisée. Les nerfs lâchent. Pleurs cachés dans des draps, en bas, à l'insu de tous. Pernette ne sait pas trop quoi faire face à Jacques. Très câline à la fin.

Septembre 1945

Confusion. Règlements de compte. Têtes d'Annamites sur des pics de bambous en dehors de la ville. Revanche des autochtones. Français haïs et conspués. Partout, on leur fait la chasse. Émeutes ultra-inflammatoires. Quelques soldats japonais vaincus demeurent au garde-à-vous devant leur QG. Scène surréaliste de reddition passive. Mourir debout en somme. Le personnel qui nous sert depuis ces derniers mois a peur. Je ne vais plus au marché. Je redoute des agressions ou une bombe dans mon cabas. Tiba ne veut plus non plus y aller, mais elle rapporte (Dieu sait comment ?) des vivres de façon clandestine.

4 septembre

Il y a deux jours, des heurts en ville ont dégénéré après des coups de feu. Une foule a envahi le boulevard Norodom s'en prenant à tout le monde. En une seconde, le personnel s'est volatilisé. Le médecin d'en face a été sorti de force de sa maison, ligoté puis embarqué. Le temps de voir cette foule se diriger vers notre maison, nous nous sommes réfugiés au grenier, Yo, ses trois petits-enfants, les Capitan et leurs deux enfants, Pernette et moi. L'échelle a été descendue par Yvon qui a été capturé et emporté à son tour. Ensuite, le carnage. La foule s'est engouffrée dans la maison. Cassant tout, les vitres, les bibelots. Tout ce qui était cassable l'a été, jeté à terre, retourné, piétiné. Des coups de feu résonnaient dans toute la maison. Sur qui ? Sur quoi ? Aucune idée. Il fallait tirer pour tirer, semble-t-il. Pendant de très longues minutes, ça n'a pas arrêté. Les bruits sont montés. Pernette allongée sur moi. Yo, les Capitan et les petits, tous allongés par terre, dans la poussière du grenier, dans les crottes de souris et les insectes morts. J'ai repoussé mentalement de toutes mes forces l'éventualité qu'un excité tire dans le plafond, qu'une balle traverse la trappe sur laquelle j'étais allongée. Les bruits se sont amplifiés. Ils furent soudain une dizaine, quinzaine, juste sous la trappe. Au-dessus d'eux, nous, morts-vivants, muets. J'ai entendu l'un d'eux prononcer le mot nourriture. Ils sont tous redescendus ensemble marchant sur le verre pilé, ont dévalisé la cuisine. Ont festoyé longtemps. Du moins, c'est ce que j'ai déduit de la rumeur qui montait jusqu'à nous. Au grenier, pas un souffle, pas un pleur, pas un cri. Les enfants se sont tus. Pas dîné. Pas lavé. Mal dormi.

Vers cinq heures du matin, des bruits. Quelqu'un marche sur les débris. Tout le monde endormi, seule aux aguets, j'avais l'œil ouvert.

J'ai entendu qu'on parlait français en dessous. La voix de Jacques qui a dit : « Il y a quelqu'un ? »

Réveil de nous tous. La trappe s'ouvre.

Jacques resté coincé en ville à cause de l'émeute, Yvon libéré avec d'autres. On se tombe dans les bras. On ne s'attarde pas. Il faut agir vite. Les corps des enfants qu'on descend un à un du grenier, ensommeillés et lourds.

Yvon veut que tout le monde se réfugie à la banque d'Indochine. On y part en petit convoi alors que l'aube pointe. Il n'y a presque rien à récupérer dans la maison.

8 septembre

Retour à la maison Segalen. Yvon organise des tours de garde pour éviter toute intrusion. Illusoire, mais cela nous rassure un peu tout de même. Par miracle, Jacques retrouve dans le fatras de nos affaires dispersées, une lettre datée du 29 avril 1945 écrite en captivité qu'il n'avait pas pu envoyer :

Les réflexions et la lecture de Marx me rapprochent encore de C. Que ne pouvons-nous discuter ensemble des problèmes essentiels ? Mais je veux, avec elle, participer à la construction de ce monde nouveau. Après cette épreuve il y aura de belles heures de vie commune, deux esprits qui se complètent et s'enrichissent mutuellement, deux volontés tendues vers la même fin, deux cœurs ardents et confondus. Confiance inaltérable en cet avenir que je vois proche, le jour de l'armistice… Tout ceci confirme ce que la réflexion impose, la nécessité de changer le monde et d'une révolution politique, économique et sociale profonde.

J'ai fourré cette lettre dans ma poche en me jurant qu'elle ne me quitterait plus.

3 octobre

Le général Leclerc arrive ici. L'espoir d'en finir commence à être tangible.

17 octobre

Jacques vient de partir. Il est rapatrié sur un paquebot de la Marine nationale. Nous nous sommes dit au revoir, pas adieu, sur le quai, Pernette dans mes bras au comble des larmes. Puis elle s'est intéressée au bateau et a oublié que Jacques partait. Sur le pont, je vois s'éloigner la petite tête de Jacques, de loin, que je sens malade d'inquiétude de nous laisser dans ce pays devenu hostile.

18 octobre

Les Segalen partent se réfugier à Hong Kong. Mon monde craque de toutes parts. Pernette est mon réconfort alors que je devrais être le sien. Où sont les miens ? Jeanneret ? Corbu ?

23 octobre

Les jours passent et l'état de Pernette m'inquiète. Elle sursaute au moindre bruit. La nuit, elle pousse des hurlements de terreur. Je dors avec elle pour mieux la calmer. Sa peur me fait peur. Mes économies fondent comme neige au soleil. Tiens, j'ai écrit le mot neige. Des flots de souvenirs me reviennent de Savoie.

20 novembre

J'écris à Blanchon et à Jeanneret, lui en instance de départ pour New York où Josep Lluís Sert lui demande de rejoindre la nouvelle firme de meubles créée par Hans Knoll.

Si vous avez fait une démarche pour une mission et que malgré Pernette je sois à même de la remplir, je m'exécuterai, mais avec le recul je crois qu'il serait préférable que je rentre par mer tranquillement (et je pense cela possible), que je reprenne pied en France avant d'accepter quoi que ce soit de ce genre.

Et vous à quoi rêvez-vous à présent, reconstruire la France ? Je vous conseille des solutions rapides, provisoires et belles, prévoir pour vingt ans me semble suffisant. Les maisons japonaises traditionnelles sont rudement bien.

J'ai soif de travail. Depuis trop longtemps dans l'inaction. Maintenant que j'ai Pernette et Jacques, tout autre déracinement me semble insupportable.

Décembre 1945

Noël seule avec P. Ma Chinoise m'apporte trois fruits de la passion qu'elle a dénichés je ne sais où. Nous nous en faisons une fête. Pernette a trouvé dans le jardin un chaton qu'elle veut que nous gardions. Couvert de puces, nous lui donnons un bain dans une eau tiède. Il est si faible qu'il s'est endormi dans la cuvette. Je redoute un nouveau drame s'il ne passe pas la nuit. P. ne le supporterait pas.

Elle s'endort avec le chaton dans son cou. Crève-cœur de le lui retirer. Qu'elle attrape des puces, c'est un risque à courir. Elle est si petite.

Aube 1946

Le plus triste réveillon de ma vie sans doute.

Je ne sais jusqu'à quand je resterai dans cette partie du monde. Je remue ciel et terre pour trouver un bateau, un avion, n'importe quoi qui me permette de partir. Voilà près de six ans que j'ai quitté, un matin, un quai de Marseille en route pour le Japon.

Moral très bas. Mes économies ont fondu.

Jacques dans sa lettre me dit qu'il vient d'arriver à Paris. Le tableau est sombre. Je ne sais pas s'il me dit tout.

J'ai envie de prier, de méditer, de m'adresser à quelqu'un, un Kami, un esprit, mais pas à Dieu, une présence, qui pourrait donner un peu de sens à tout cela.

Le Perneco est contente, le chaton a survécu. On lui invente toute sorte de jouets que nous fabriquons toutes les deux. P. l'a appelé Chaco, traduction de chaton dans son langage d'enfant.

Janvier 1946

Je n'ai plus le goût à écrire. Le temps s'éternise. Je me surprends à penser qu'avec une certaine injustice, je serai la dernière à partir d'ici.

15 janvier

On me dit qu'un bateau part après-demain. Je ne peux cacher mon excitation. Cette fois, ça peut marcher. Pernette sent que sa maman est contente.

16 janvier

Notre Chinoise m'aide à mettre en malles et en caisses tout ce qui peut l'être. Elle y ajoute des sacs de poivre, monnayables à Paris, pense-t-elle. C'est vrai que les difficultés financières s'accumulent. Il est temps de reprendre mon activité. Dans deux ou trois mois, la France. J'arriverai au printemps si tout va bien. Je vais continuer à travailler avec Jeanneret, avec l'équipe, tous ceux quittés il y a six ans. J'ai confiance. Il faut reconstruire. Je me suis laissée aller ces derniers temps, mais mon caractère reprend le dessus, je retrouve l'optimisme dont je suis faite.

À son Perneco, notre Chinoise a offert un petit coquillage ravissant. Pernette, qui ne se rend pas compte de tout, a tout de même compris et l'a enfoui dans la petite boîte en laque qui lui sert de cachette.

19 janvier

Obligée de m'isoler quelques minutes pour jeter quelques lignes. Impossible dans la cabine.

Nous avons quitté le quai avec un énorme soulagement. P. a dû laisser Chaco. Crise de chagrin. Aussitôt elle s'émerveille des autres petits et grands à bord. Le bateau est plein à craquer. Principalement des mères et leur famille. Je partage la cabine avec une femme et ses quatre enfants. On fait comme on peut. Promiscuité, bruits, chahut. Pas encore de sourires. Mais de l'entraide. Heureusement un petit garçon de l'âge de P. ou à peu près. Je redoute les confidences de la mère qui a l'air très malheureuse. Mais je n'y couperai pas.

Escale à Colombo

Enfin un peu de paix. J'ai pu m'offrir un joli hôtel pendant deux jours avec bébé. Piscine, silence, solitude, un peu de luxe oui, qui fait du bien à l'âme.

Le retour sur le bateau de rapatriement n'en est que plus lugubre. Tous les jours, je me répète qu'au bout du périple il y a ma France.

Février 1946

Tout s'est enchaîné. P. très malade deux jours après avoir quitté Colombo. Dysenterie microbienne. Débarquement à Port-Saïd pour consulter un médecin. Nous sommes devenues clandestines sur le conseil de ce dernier qui me dissuade de remonter à bord. Impossible dans l'état de Pernette. Accueillies à l'hôpital par les sœurs franciscaines de Marie. P. y est soignée, entourée, adorée par toutes ces femmes seules ici et sans enfants. Que Dieu (ou qui voudra bien) leur rende grâce. Ma petite fille a eu deux ans hier. Elle est en voie de guérison. Encore un anniversaire sans Jacques.

À nouveau en train de rechercher un bateau pour repartir. Je cours les agences maritimes pour en trouver un. Cela fait un mois que nous sommes ici. Je n'en peux plus. Tous les navires sont prioritairement réservés aux Anglais.

25 février

Enfin seule, dans une cabine avec P. et en route pour la France ! Quelle chance, oui je l'écris au mépris de toutes les adversités, au mépris de la maldonne. Quelle chance ! Parfois, je sens qu'une étoile veille sur nos vies.

Sœur Françoise nous a emmenées, P. et moi, visiter un très beau navire. Elle nous a présentées au commandant, un Français, puis nous a quittées, effleurant à peine la joue de Pernette, me faisant un signe des yeux. Elle nous a laissées à bord. Le bateau a levé l'ancre. Et voilà. Encore une solidarité féminine qui ne dit pas son nom. Libres donc. Passagère clandestine à Port-Saïd, passagère clandestine à bord de ce bateau. Peu importe, je rentre. P. et moi avons dormi d'un sommeil très très lourd la première nuit. Pour la première fois depuis bien longtemps, je me suis réveillée reposée. Enfin, l'horizon s'éclaircit.

Escale à Malte

On me remet une lettre. Jacques qui m'écrit. Il m'attendra à Toulon, dit-il. Ensuite, nous prendrons un train tous les trois pour Paris.

En l'honneur de cette lettre, je me fais plus coquette et descends sur le pont humer l'air. Pernette ne tient plus en place. Elle court partout. Quelle joie de voir qu'elle va un peu mieux même si les cauchemars continuent presque toutes les nuits !

Paris

Reprendre mon journal.

Il m'a fallu plusieurs jours pour réaliser tout ce qui vient de se passer. Arrivées à Toulon vers midi sous un ciel éblouissant, Jacques nous attendait. Nombreuses familles, gaies et tendues qui guettent ceux qui reviennent de l'autre monde. Gens gris, teints gris. Tristesse et brutalité aussi. Il y a des femmes que personne n'attend, que j'ai vues débarquer avec trois enfants, deux sous le bras, un autre traîné derrière, braillant, apeurés, bouleversés. Personne ne les guette. Personne ne les aide. Ce jour-là, j'ai compris que nous étions tous des enfants, la peur au ventre, l'envie d'être attendu quelque part par quelqu'un qui nous rassure, qui nous réchauffe. Au fond, tout au fond, c'est la même panique face à ce monde qui ne ressemble plus à celui que j'ai quitté il y a six ans. La même peur pour les enfants et les adultes. Jacques et moi heureux de nous retrouver autour de notre petite P. Elle si câline, mais effrayée, épuisée aussi. S'accrochant à moi lorsque je veux la confier à son père.

J'oublie qu'elle n'a vu que moi ces derniers mois. J'ai été son repère, elle a été le mien. Nous avons fonctionné en circuit fermé, étrangères à tout homme, à toute personne qui ne faisait pas partie de notre cellule.

Prendre le train à Toulon pour Paris. Interminable convoi de wagons qui se traîne à travers la France. Français hargneux, revêches, mal élevés et parfois malveillants. Pernette, Jacques et moi, serrés les uns contre les autres debout dans le couloir car plus aucune place assise.

Par la fenêtre parfois, des visions de ruines, de murs effondrés, une grille de parc, dressée seule au milieu des décombres, son petit château aux fenêtres éventrées. En un éclair, les images défilent, comme sur le quai de la gare de Valence cet homme qui sur une brouette pousse sa femme et une poule attachée au cou par une ficelle, c'est peut-être tout ce qui leur reste de vivant. Pernette dit : « Coco », en pointant du doigt l'animal. Ça n'arrache même pas un sourire à nos voisins de voyage. Jacques ébloui par sa petite P. Par la vitre, parfois des champs de blé qui sommeille, encore dans les limbes de l'hiver, des vaches. Des arbres qui pleurent sur la berge d'une rivière. Un peu de verdure çà et là qui brave les frimas de mars. Ma France.

Sur le quai de la gare de l'Est, mes parents et Georges Blanchon. Visages jamais oubliés. Nous avons changé. Ils ont maigri. Mes parents surtout.

Moi pas. Ai-je eu de la chance ? Je commence à le croire.

Il n'y a pas de mots pour dire toute la peine et la joie qui se mêlent à cet instant. Prendre ma mère dans mes bras. Maman vieillie mais vaillante qui m'a dit à l'oreille : « Je t'avais dit, Charlotte, qu'on se retrouverait. » Oui, maman, ta force vitale ne m'a jamais lâchée. Lorsque j'ai déposé petite P. dans les bras de mon père, il n'y a pas de mots pour décrire la tendresse infinie, pleine de précaution, avec laquelle il a accueilli sa petite-fille inconnue, née très loin. Dans le chaos, impossible de s'éterniser là. Blanchon m'a enveloppée de sa carrure virile avec effusion comme si nous ne nous étions jamais vraiment quittés. Pas vraiment le temps pour de grandes conversations, ni de rattraper le temps perdu. Là, dans cette gare glacée, on nous bouscule. Les revenants retrouvent dans les courants d'air les vivants. Chacun se cherche, se reconnaît dans la douleur ou baigné d'une joie mélancolique. Direction rue Las Cases où maman a arrangé en appartement les bureaux que Pierre a pris à cette adresse pour notre BCC depuis son retour en France il y a deux ans. Elle y a préparé du feu. Pour nous, les Asiatiques, il fait frais. Pernette est si fragile. Pour la première fois depuis des mois, impression de famille, de réassurance. Il est trop tôt pour penser à demain. Déjà effrayée par l'état de Paris. Gris, miséreux, souffrant. Peu de voitures, partout des vélos.

Quelques jours plus tard, c'est encore Georges Blanchon qui m'écrit, le gardien de notre BCC :

On n'a jamais cessé de penser à toi. Tu étais toujours présente à travers toutes les aventures de cette sacrée époque. Nous avons boulonné comme des nègres. Jeanneret a fait de bien jolies maisons. On en a flanqué un peu partout. Après Issoire, à Saint-Alban, Gardanne, Bédarieux, Salindres, Lunel, Brignoles, Neuville. Ce fut du sport. Nous avons parfois bien rigolé, mais d'autres fois nous nous sommes bien emmerdés. Puis bientôt toute notre affaire a été traversée par la Résistance. Nous étions tous dans le bain. C'était très beau, parfois exaltant bien sûr.

Montparnasse

Revoir mes terres, mon perchoir. Six ans plus tôt, les derniers instants passés avant mon grand départ pour Marseille puis le Japon. Quelques heures avant que tout finisse, que tout change à jamais. Nuit blanche et confusion. L'aube. Le départ. La gare. Les grilles. Le train.

Seule dans ce lieu où la guerre a laissé des traces, je me suis effondrée. Des résistants sont venus ici bivouaquer tout comme des sans-logis et des marginaux. Tant mieux si mon appartement a pu servir à en réchauffer quelques-uns, à leur donner quelques heures de répit. Ce sera ma modeste contribution à cette guerre française. Le poêle à bois a laissé filer la suie sur le tableau de Léger que je n'avais pas pu déposer chez maman. Il est foutu, je crois. Disparus la sculpture de Lipchitz et le prototype de ma chaise longue de 1928. Tant pis. Comme un symbole, ce voile charbonneux déposé sur le passé. Mes papiers, mes plans, ce que j'y avais laissé a été volé.

Ma mère a raison, c'est trop haut ici avec petite P.

Redescendre sur terre, perdre de la hauteur – pour l'instant, me dis-je – en attendant que tout aille mieux. Il faut me résigner. Me remettre au travail et vite. Je dois m'occuper de Pernette et installer ma vie parisienne avec Jacques. Je dois à nouveau gagner de l'argent. Il faut tout réorganiser. Perchée là-haut sous mes toits de Montparnasse, pour la première fois depuis des mois, j'ai sangloté pendant de longues minutes, assise par terre. J'ai pleuré l'Asie dont malgré tout j'ai aimé la douceur et l'exotisme, j'ai pleuré mon cher Japon d'avant la guerre. Me sont revenus, telle une dague en plein cœur, ces virées dans la campagne, les enfants apeurés par mes yeux bleus et mes cheveux blond vénitien, les interminables visites si passionnantes aux tisserands et potiers, mon escale à Singapour, mes premières minutes à Hanoï. Impossible d'arrêter mes larmes. Six années ont coulé par mes yeux. Les êtres perdus, les projets inachevés, cette petite personne âgée de deux ans nommée Pernette, sa naissance et ses premières années presque sans son père, ma rencontre déterminante avec Jacques. Six années de lumière et d'obscurité. Et puis ce grand bouleversement, grâce à Jacques, cette mère que je suis devenue et qui peut-être un jour attendra sa fille sur le quai d'une gare.

Six ans d'arrachement et de découverte. Les traces de fumée sur la peinture de Léger ne peuvent pas s'effacer. La peinture est foutue. Le passé est foutu. Lorsque j'ai cessé de pleurer, j'ai traîné encore là, sans rien faire. Ces sanglots m'ont fait du bien. Mais sera-t-il possible de tout reprendre comme avant-guerre, comme si de rien n'était ? Cela me paraît parfaitement impossible, inhumain, inacceptable de fermer les yeux sur ces six dernières années. Pernette ne dort plus la nuit. Fait sans cesse des cauchemars. Nous autres adultes pensons que nous avons la capacité supérieure de pouvoir oublier. Mais c'est pour l'instant inoubliable. Pernette oubliera, j'espère. Il faut réactiver l'optimisme et la légèreté. Hans Knoll attend de voir revenir Pierre à New York. Il a été tentant de partir pour moi aussi. Mais je ne bougerai pas d'ici. Il y a trop à faire. Et puis désormais nous sommes trois avec Jacques et Pernette.

Lutetia

On me raconte par vagues ce qui s'est passé. On me répète ce qui a été vu, ce qui a été rapporté, ce qui a été relaté. Il y a des survivants qui ont vu et qui disent, quand ils y arrivent, qui disent ce qui s'est passé. On me dit qu'au Lutetia, il est arrivé des bus.

Chaque fois, un attroupement devant les véhicules. Je demande pourquoi, maman me dit : « Laisse-moi finir. » J'écoute. On me dit que des gens en sont descendus, et qu'ils ressemblaient à des fantômes. Livides, hagards, très maigres. Une foule autour d'eux. Des femmes et des hommes qui brandissaient des photos, qui demandaient : Vous l'avez vu ? Vous l'avez vue ? Des visages d'hommes de femmes sur ces photos. Les survivants regardaient, ne disaient rien, semblaient ne plus savoir. Yeux vides, immense tristesse. Certains avaient plus de vigueur que d'autres. Certains poussaient pour pénétrer dans l'hôtel, d'autres se traînaient. Ils portaient des manteaux qui pendaient sur leurs épaules. D'où venaient ces hommes ? Que leur avait-on fait ? On me raconte l'impensable. On parle de camps, de gens brûlés vifs ou asphyxiés au gaz, on parle de familles entières décimées dans des prisons à ciel ouvert, très loin en Pologne, des gens perdus, des parents et des enfants morts de faim dans la neige, travaillant – mais à quoi ? à leur propre mort me dit maman, à la mort des leurs, œuvrant à la disparition de leurs semblables. On dit même que des expériences atroces ont été faites sur certains. On dit que ces gens, personne encore aujourd'hui ne peut les croire. Que personne ne peut croire ce que l'on voit, ce qu'on entend. Pourquoi ? dis-je. Parce que c'est insoutenable, me dit maman. On me dit que les rescapés ne peuvent pas dire, ne peuvent même pas dire ce qui s'est vraiment passé, le dire jusqu'au bout. Qu'ils s'effondrent, qu'ils ont tout perdu, qu'ils ne savent plus où sont les leurs, qu'ils ne savent plus où ils sont, ni qui ils sont. On dit que certains, une fois passées les séances de douche et de désinfection obligatoires à leur arrivée à Paris, s'enfuient, disparaissent sans laisser de traces. On me dit que des femmes extraordinaires, des femmes intelligentes et fortes se sont soutenues pendant leur emprisonnement et qu'elles dépérissent une fois leur liberté retrouvée parce qu'elles ont perdu la solidarité qu'elles avaient connue en captivité. On me dit que d'autres femmes, des femmes intelligentes et fortes, ont organisé des centres de rémission, en Suisse par exemple, pour que ces gens, ces gens des trains, ces revenants, reprennent goût à la vie, qu'ils mangent, qu'ils grossissent et retrouvent en eux ce mince filet d'élan vital qui ne se serait jamais éteint. On dit que quand ils arrivaient au Lutetia, on ne savait pas si ces gens étaient ivres de liberté ou de solitude, qu'ils étaient incapables de survivre comme avant, qu'ils survivaient mais comme fous. On dit qu'ils ont été emmenés en train pendant des jours, sans nourriture, sans eau, sans air et qu'à l'arrivée, les wagons étaient pleins de morts et que s'il en restait trois vivants, ces derniers devaient décharger et brûler les morts, leurs morts, leurs enfants, leurs parents, leurs grands-parents. Je suis tellement sous le choc qu'on emmène Pernette dans sa chambre pour qu'elle ne me voie pas. Je demande mais pourquoi pourquoi pourquoi ?

35 Sèvres

Le bureau-atelier de Corbu a rouvert il y a deux ans. J'y suis allée comme à un pèlerinage. Et comme lors de tout pèlerinage, on a le cœur serré de retrouver – ou d'avoir perdu – les traces du passé. J'ai hâte de reprendre notre trio. Hâte de monter ma société d'édition de meubles. Il faut que je me remette à la tâche. Pas d'argent. Très peu.

J'ai le cœur plus léger de savoir que ma petite P. va aller se retaper à la campagne, en Champagne, chez la sœur de Jacques. Elle va pouvoir redevenir une petite fille insouciante. Il faut qu'elle change d'air. J'ai envie moi-même de partir dans mes chères montagnes que je n'ai pas revues encore. Un jour j'y emmènerais P.

Je revois Pierre demain. Pour la première fois depuis six ans.

Les Deux Magots

Dans le silence de l'appartement de la rue Las Cases, Jacques et Pernette dorment. Dans la rue, j'ai entendu une sonnette de vélo. C'est peut-être Pierre qui s'éloigne.

Nous venons de nous quitter. Deux heures de discussion au café. Deux heures où je n'ai fait que parler. Enfin presque. J'ai retrouvé un Pierre silencieux, gêné, taiseux. Ce qui bien sûr m'a mise mal à l'aise. Je suis devenue tendue. Alors, je me suis mise à parler, parler,

parler. Nous ne l'avons pas évoquée, mais l'ombre de notre séparation a plané constamment même si tant de choses ont changé. J'ai le sentiment que depuis que j'ai laissé Pierre derrière les grilles de la gare ce 12 juin 1940, il n'a plus bougé. Pas vraiment une attente, pas vraiment un oubli non plus. Un état intermédiaire. Nous avons évoqué notre travail, notre envie de bâtir et de reconstruire le pays. Et puis soudain des silences qui se dilatent comme des taches d'huile entre nous. Je revois encore sa main à travers les grilles qui me glisse le coquillage de Grèce ce matin de juin d'il y a six ans. Où est-il maintenant ? Perdu, je crois. À l'inventaire des disparitions, il y a bien pire. J'ai envie de le lui crier en pleine figure. Mais je me retiens. Pierre, quelle joie de te revoir et quelle tristesse ! Oui, la vie a changé. Je suis revenue différente, mariée et mère. J'aime Jacques, j'aime ma famille et suis fière de ma petite fille. Je ne sais pas ce que tu as fait pendant cette guerre, enfin je ne sais pas ce que tu as fait vraiment, ce que tu as pensé, ce que tu as souffert ? Même quatre verres de vin chacun n'ont pas réussi à déverrouiller le cœur de Pierre. J'ai senti que tu étais content de me voir – oui je continue de te parler dans ce journal –, mais je t'ai senti perdu dans tes pensées, dans tes souvenirs, dans tes regrets peut-être. J'avais envie de te parler de ce que j'avais appris, les bus au Lutetia et tout le reste, mais je n'ose pas. Je ne veux pas ajouter de la douleur au malaise.

Je raconte mon Japon, mon expérience là-bas. Tu écoutes. Mais tous les détails te ramènent à ce jour, gare de Lyon. J'évoque Singapour, le Cambodge, la naissance de la petite Pernette, ma rencontre avec Jacques, un mois à Port-Saïd, je détaille, je répète. Je perds le fil tant ton silence m'indispose. Tu n'as posé aucune question sur Jacques.

Je ne comprends pas si ce silence est fait de reproches ou de mélancolie. Et, pourtant, je sens qu'il ne suffirait que de très peu pour que reprenne le fil de nos conversations sur un mode amical cette fois. Sans l'amour, sans être ensemble, sans mon perchoir de Montparnasse et nos virées à la campagne ou nos nages dans l'eau lisse d'une aube grecque, sans le soleil de Croatie. Et alors ? Les temps ont changé. C'est difficile, je le sais mieux que personne moi qui prends en pleine figure la dureté de ce retour, le manque de moyens, la fragilité de ma fille. Nous sommes plus forts que ça. Nous retrouverons notre camaraderie industrieuse des premiers temps au 35 Sèvres, j'en suis certaine. Un peu éméchés, mais il fallait bien ça, nous sommes repartis à pied, côte à côte, toi tenant ta bicyclette, moi les mains dans les poches. En bas de l'immeuble, nous nous sommes dit au revoir sans encore savoir si nous étions heureux de nous revoir comme ça. Mais heureux tout de même, heureux d'être en vie, la guerre derrière nous, nos souvenirs aussi.

Je suis morte de fatigue. La tension cède au sommeil. J'entends Pernette dans la pièce d'à côté qui marmonne dans ses rêves. Il faut être heureuse. C'est un devoir.

Ma coccinelle à la campagne

Jacques et moi avons installé petite P. à la campagne chez la sœur de Jacques. Elle ne va pas mieux. Le médecin a préconisé de la laisser quelques mois au contact de la nature, des animaux et de l'air frais. Blanchon nous a prêté sa voiture et nous sommes partis. Petite Nette qui sent que quelque chose se trame est sage et concentrée. Elle regarde par la fenêtre et puis s'endort. Par chance, il fait un temps merveilleux. Je lui ai expliqué qu'on allait voir les lapins et les agneaux de Pâques. Elle semble ravie. Jacques et moi comme des jeunes parents anxieux.

15 avril 1946

Ai revu Corbu au 35. Sympathique et pénible. Vieux reproche d'il y a six ans sur le mode de l'abandon, moi celle qui divise et tire la couverture à elle, mais réelle joie de se revoir. Impression d'être l'enfant fugueur qui revient au bercail. L'enfant prodige peut-être. Lui m'a paru assez épargné par la guerre. Le lieu n'a pas changé. Toujours le grand espace, le fil le long du mur où nous accrochions nos dessins. De la poussière en plus sans doute. Étrange de revenir ici. Il y a comme un fantôme qui joue de la flûte, le visage enchâssé dans un col de paille enfoncé jusqu'aux épaules. Il me semble avoir croisé mon âme errante, jeune Charlotte, tremblante, venue demander de travailler ici. Tout a changé. Je ne serai plus celle qui quémande un travail. D'ailleurs Corbu m'a parlé de son projet de l'unité d'habitation de Marseille. Il voudrait que j'y participe. Dans ma tête, je construis la logique d'une cellule familiale de trois personnes, des parents et leur enfant. Moi, Jacques et notre petite Nette. Enfin appliquer à moi-même ce que j'envisage pour les hommes en général ? Peut-être la meilleure façon de remettre pied dans la vie.

Au 35, revoir le bureau de Pierre, poste de douane de notre espace de travail car il était impossible de quitter les lieux sans passer devant lui. Tout cela est perdu, révolu et pourtant demeure en moi l'envie de reprendre ce que j'ai laissé en suspens, ce travail d'équipe dénué de tout le reste. Naïveté de ma part ? Peut-être. L'édition de mes meubles, si même elle est possible, ne va pas se faire tout de suite. Il faut que je me remette à flot. Pétain a créé un nouvel ordre des architectes. Corbu, Auguste Perret et Freyssinet, sans diplôme ont droit à une dérogation. Moi pas. Une porte de plus se ferme. Jacques m'encourage à me battre. Je n'en ai pas la force.

Mai 1946

Reçu une lettre de Corbu qui me fait rire ce matin. Enfin rire jaune. L'indélicatesse et la misogynie s'y lisent à chaque ligne, mais peu importe. Remettre le pied à l'étrier à n'importe quel prix.

Ma chère Charlotte, Tu m'as dit l'autre jour en soupirant qu'il était difficile de travailler en équipe. Tu en sais quelque chose puisque tu as été un des agents actifs de désolidarisation à un moment donné. Pendant ces six dernières années, j'ai fait un effort acharné de synthèse et de mise au point doctrinale

J'ai ainsi, contre tout le monde y compris mes amis, maintenu les recherches modernes et constitué une force technique de travail, qui est enfin mise en place et qui comporte des administrateurs, des ingénieurs, et des architectes, c'est notre Atelier des bâtisseurs, « AT. BAT. ». J'ai fait plus que cela. J'ai maintenant des commandes considérables qui vont alimenter cet atelier. [...] J'ai vu ton album du Japon, et je te l'ai dit, j'ai trouvé de grandes qualités à ta manifestation. Je ne crois pas qu'il soit intéressant en quoi que ce soit, maintenant que tu es mère de famille et pour des raisons évoquées au début, de te proposer de t'astreindre à une présence d'atelier. Par contre, je serais très content que tu puisses insérer à l'articulation utile un bout de mise au point qui est dans tes cordes, c'est-à-dire le tour de main de la femme pratique, talentueuse et aimable en même temps. Les plans de Marseille sont organisés sur des standards définitivement établis et poussés extrêmement loin. Si tu as goût d'aider à ce travail, je le souhaite, tu verras M. Jacques-Louis Lefebvre gérant de notre atelier.

Monsieur est bien bon. Corbu de sa hauteur qui me propose « un bout de mise au point » et puis quoi encore ? Dans mes cordes... quelle générosité ! Quelle reconnaissance ! Quelle gratitude ! « Femme pratique, talentueuse et aimable... » Cette lettre est une petite claque sur le nez, un sucre donné au chien, un pourboire. Amuse-toi, Corbu, amuse-toi à me faire l'aumône de ta condescendance. Je n'ai pas dit mon dernier mot. Je garde le meilleur pour la fin : « *Je ne te demande pas du tout ici un travail d'invention, mais simplement une intervention toute naturelle propre à ta qualité de femme et artiste pour une mise au point.* » Pas façon plus claire de me dire de me tenir à distance, de ne pas remettre un pied à l'atelier du 35. Nous verrons. Je ne désespère pas de reformer notre trio Corbu, Jeanneret et moi. Je vais parler à Pierre. On va y arriver.

15 mai 1946

Jeanneret a écrit à Corbu. Il a accepté que nous reformions notre trio. Nous avons rendez-vous au 35 Sèvres avec un certain Wogenscky, celui qui a remplacé Pierre pendant la guerre. Quelle joie ! Je suis aux anges. Je crois qu'enfin le destin m'entend. Avec Jacques nous pensons mettre en place une société d'édition de mes réalisations, la SEM, société d'équipement mobilier. J'ai revu mes amis de l'UAM. Quelle émotion de nous revoir tous après-guerre. Certains n'ont pas changé, d'autres ont été touchés plus durement. On me regarde à nouveau comme une Ulysse. Je leur apporte du lointain, de l'ailleurs, de l'exotique. Je leur dis combien à la fin je me sentais loin d'eux, coupée de ma France, de leur présence. Avec Jacques, nous pensons que la SEM pourrait également éditer leurs créations, celles de l'AT. BAT. de Corbu et celles de Jeanneret. Le projet de Marseille peut être l'occasion de la mise au point de tous les modèles d'équipement qui pourront être utilisés pour la reconstruction et l'équipement des nouveaux logis.

1er juin 1946

Le soleil est doux et jaune. Je vais bientôt voir ma petite Nette à la campagne. La vie s'adoucit enfin si seulement ce Wogenscky ne nous faisait pas tourner en bourrique Pierre et moi. Il multiplie les manœuvres pour que nous ne mettions pas un pied au 35 Sèvres. Peut-être n'y arriverai-je pas. Et s'il y avait mieux à faire dans cette France en lambeaux ? Il faut la reconstruire tout entière. Il y a bien une autre grandeur à réaliser cette tâche-là plutôt qu'à vouloir recoudre le passé comme un vieux vêtement qui craque de toutes parts. Réaliser quelque chose de plus grand que soi, c'est l'idée. Le monde est à habiter, à bâtir.

Pierre ne répond toujours pas à l'offre de la firme Knoll qui lui demande de venir à New York pour y dessiner des meubles. J'ai l'impression qu'il ne veut pour rien au monde quitter la France alors que nous commençons tous à nous y retrouver. Qui l'en blâmerait ?

3 juin

Voilà, c'est foutu. Wogenscky a gagné. Je ne retournerai pas au 35 comme avant. Sentiments mêlés, sensation de libération et de renoncement, de respiration et de deuil. Mais deuil de quoi ? Six années ont passé. Voulais-je vraiment que ce soit comme avant ? Je n'en suis pas sûre et encore moins certaine de vouloir redevenir celle que j'étais. Il n'y a plus le temps pour cela, plus la place non plus. Il y a urgence. Il faut se reconstruire. Il faut reconstruire. Le mobilier est remboursé aux Français au titre des dommages de guerre c'est dire…

7 juin

Lettre à Pierre :

Petit Pierre, je m'essouffle à trop de choses à faire et à passer de l'urgent à l'urgent sans avoir le temps de faire l'indispensable, écrire, courir, faire le ménage, laver, dessiner, penser et aller voir la nounou tous les quinze jours, maman tous les midis… Je n'ai plus le temps de t'écrire même l'essentiel de mes pensées. Pour aller au plus pressé, je dessine et combine l'installation de mobilier des Allues, et le manque des dessins passés, ne fût-ce que pour la confrontation, me fait réellement défaut. Je n'ai retrouvé aucun des dessins faits pour l'agencement d'Issoire, club, chambre, etc., et il y en avait… Cela me permettrait de partir sur une expérience au lieu de partir dans le vide, je n'ai plus l'esprit à toutes les cotes. J'avance cependant dans mon programme d'ensemble et tout finira par se clarifier… Je vais étudier la question des standards mobiliers afin que leurs réalisations puissent servir autant à Marseille qu'aux constructions que tu pourrais être amené à faire. Ce serait déjà un bon point de départ… D'ici deux mois, je veux en avoir terminé avec ce problème d'équipement standard en grande série, […] des éléments standardisés utilisables par les architectes et par le public et susceptibles d'être réalisés aux prix les plus bas, industriellement pour tous les éléments usinables, ou sous une forme artisanale pour les éléments de production plus limitée.

Pierre que je retrouve peu à peu, comme aux tous premiers temps du 35, collègue et copain, même si j'ai le sentiment qu'il tait en lui quelque chose qu'il ne veut pas dire. Nous ne parlons de rien.

11 juin 1946

Je reviens de la campagne où je suis allée voir ma petite Nette qui blondit comme un brin de blé. Elle s'est remplumée, a une mine de fruit rouge, passe ses journées dehors, en pleine nature, au milieu des animaux. Plus rien à voir avec ma petite fille d'Asie. On dirait une mignonne campagnarde, une pêche. Je passe des heures à écouter ses histoires sans fin sur les animaux qu'elle découvre, à la bécoter. J'ai soif de son cou chaud qu'elle me laisse embrasser, de ses cheveux collés dans la nuque que je décoiffe à rebrousse-poil lorsque épuisée elle vient se réfugier sur mes genoux. Ma coccinelle, que d'aventures ensemble. Jean Prouvé est venu me rendre visite. Pendant la sieste de Pernette, nous sommes partis nous promener pendant une heure. Parlé sans cesse dans les blés mûrs, à l'ombre des chênes, le long des haies de mûriers que les oiseaux dévorent déjà alors qu'elles ne sont pas encore noires. Longuement discuté de mon projet de maison d'édition de meubles, d'un programme de fabrication d'équipement standard en grande série. Au milieu d'un chemin, j'ai détaillé mes idées de rangements, casiers-bahuts, tiroirs, tables et chaises, là en plein soleil. Jean avait enlevé sa veste, remonté ses manches, se séchait le front. Il m'a semblé que nous étions déjà au travail. Je voudrais lui confier la fabrication de tout cela. Il a très bien pigé, tout de suite compris. À son tour il m'a expliqué comment il voyait les choses... des meubles ne dépassant pas 1,80 mètre ou 2 mètres de hauteur pour économiser sur les raccords au plafond. Pas de cloisons, des grands meubles en métal et bois comme des bahuts, des portes coulissantes, sans oublier la polychromie. L'impression ce soir que je reprends une discussion dans la suite de mes projets de 1929.

Et puis il s'est arrêté tout à coup. Et m'a dit : « Et Pierre ? » Je l'ai regardé en clignant de l'œil, le soleil m'éblouissant, ma main en paravent : « Quoi Pierre ? » « Sais-tu seulement ce qu'il a fait pendant la guerre », m'a-t-il demandé. Alors, j'ai repris le récit de nos retrouvailles au café, la gêne, les silences, l'embarras, nos différences, mon retour mariée et mère, lui seul... « Comment veux-tu que je sache, il ne dit rien, il garde tout, comme un bahut ! » Prouvé a éclaté de rire. « Il ne dit rien, Charlotte, mais il a été résistant », m'a dit Jean. Alors, il m'a raconté par le menu comment Pierre, en ingénieur fou de mécanique, s'était fabriqué son propre vélo, pièce par pièce, dont il connaissait les moindres caches. Blanchon et Masson eux aussi étaient dans le mouvement, m'apprend Jean. Pierre avait l'autorisation de porter une arme et de circuler à toute heure du jour et de la nuit, à pied et en voiture. Les autorités civiles et militaires étaient priées de bien vouloir lui faciliter sa mission, a ajouté Jean. Pierre avec une arme ? « Mais il n'aurait pas abattu un moustique ! » Jean me regarde en silence l'air de dire qu'il sait. Le nom de code de Pierre était « Guidondevélo », a repris Jean en riant. Les messages étaient cachés au creux du guidon. Le vélo démontable révélait en une seconde ses secrets, mais seul Pierre qui l'avait fabriqué de A à Z en connaissait les rouages. Lui-même m'a-t-il appris était agent de liaison de Grandval.

À mon tour, je lui raconte le Japon et l'Indochine. Nous n'avons pas assez d'un après-midi pour tout se dire. Et puis Jean me regarde et m'arrête en me disant : « Maintenant, Charlotte, c'est le présent qui compte. » Je sais.

À notre retour, Jacques était là. Venu en train nous rejoindre pour dîner, dehors, sous les tilleuls. Pernette folle de bonheur, ma pétillante coccinelle, impossible à coucher. La nuit était douce. La vie reprend. Petite Nette s'est endormie sur les genoux de Jacques. Le vin a fait le reste. Soirée merveilleuse.

25 juillet 1946

Lettre à Corbu :

Je te soumets les premières lignes de mon projet que j'ai essayé de rendre conciliable avec l'AT. BAT, ce qui pourrait donner lieu à une profitable collaboration. Corbu, je tiens, avant toute chose à notre amitié et confiance réciproque. Je ne voudrais pas un mauvais démarrage faute d'avoir précisé le problème tel qu'il peut se présenter pour nous. Dis-toi seulement que j'ai une réelle bonne volonté de travailler avec ton équipe et que je vous fais confiance pour que, vous basant sur mon papier, vous soyez à même de définir la base de nos rapports présents et futurs... J'ai déjà longuement médité sur les plans de Marseille et suis prête à le concrétiser par une coopération singulière de chaque jour au bureau avec ton équipe; ce qui me semble le meilleur moyen d'aboutir vite. Veux-tu me dire par lettre ce que tu penses de mon projet ou préfères-tu que j'aille te voir? Je serais heureuse de participer à votre étude Marseille, car elle rentre précisément dans l'activité à laquelle j'avais l'intention de me consacrer à mon retour d'Extrême-Orient... Je suis revenue d'Indochine avec un joli petit nounou qui va m'accaparer, mais la situation financière de ma famille ne me permet pas d'envisager un travail de dilettante, et c'est au fond tant mieux. C'est pourquoi j'ai envisagé la création d'une société chargée de réaliser en grande série des éléments d'équipement.

27 juillet

J'ai remis mon projet à Prouvé à qui j'ai confirmé que je voulais qu'il fabrique les meubles. Travailler ensemble serait formidable. Comme avant. Mieux qu'avant.

Ces derniers temps, Prouvé et Jeanneret m'ont confirmé que ce que j'avais laissé à Paris, mes dessins, mes projets, mes plans, mes meubles en somme avaient été adaptés et modifiés par Pierre chez Knoll à New York et par les ateliers BCC de Prouvé qui ont fait office de bureau d'architecture pendant la guerre. J'en suis assez fière, mais je veux continuer ce que nous nous proposions d'accomplir avant-guerre.

Août 1946

Pas envie de tenir ce journal. Jours d'été interminables dans la vallée de Méribel, dans ma Savoie de cœur. Je pose les bases du programme de construction. Quelle joie de retrouver les artisans locaux ! Beaucoup sont accaparés par la construction du village de ski de Courchevel, mais toute discussion est passionnante. Nette, Jacques et moi en vacances même si je travaille. Il faut faire vite, on attend les premiers arrivants pour Noël. Face à l'urgence, Prouvé peut me fournir vingt et un lits qu'il avait en stock, fabriquer des petites pièces métalliques pour assembler les piétements de mes tables, seize armoires de toilette en métal et des cache-radiateurs. Il sera possible de répliquer sa chaise standard pour le futur restaurant. C'est déjà ça. Nous nous regardons avec Jacques, heureux d'être ensemble et inquiets. Que réserve l'avenir ? Cette association avec Jean et Pierre va-t-elle fonctionner ? Nous n'avons pas énormément d'argent. Nous ne pouvons pas nous permettre de ne pas en gagner. Il faut s'occuper de P.

Peter Lindsay qui finance le projet de Méribel est sympathique, mais est-il réaliste ? Face à la pénurie du pays, je dois faire avec les moyens du bord ici. Le bois de sapin me sert à tout. Je demande à chaque artisan de réaliser mes dessins au moindre coût. D'ailleurs, j'ai repris mes anciens croquis en les adaptant pour qu'ils soient moins onéreux, faciles à monter. Je vais faire repeindre en couleurs primaires l'assise en paille de ma chaise réalisée au Japon. Il faut ajouter des teintes fortes aux soirées de montagne. Je pense que la meilleure solution est une peinture de carrosserie de voiture qui fera office d'enduit sur la paille, résistante à peu près à tout.

Je n'imaginais pas le retour ici aussi compliqué. Tout est rêche, difficile, contrariant. La nature me semble être le seul refuge pour l'instant. Partir encore. Respirer à pleins poumons. Bien pour P. Bien pour nous aussi, je crois. Maman, formidable, s'occupe de P. Façon de continuer à me dire, sois libre ma fille. Grâce à elle, s'autoriser à penser à autre chose, libérer du temps pour concevoir et agir. Mais parfois j'ai le sentiment de devoir construire ma vie de femme et de mère contre celle des hommes. Tous me font sentir (payer ?) ma nouvelle condition de mère, façon de dire puisque tu l'as voulu, sois celle-là, mais tu ne peux pas être sur tous les fronts. Eh bien si. Je le serai. Je me bats avec les artisans pour les convaincre de travailler pour Méribel. Le chantier de Courchevel est une énorme concurrence.

En attendant, Jacques ne sait pas quoi faire pour alléger de toutes les façons possibles mon quotidien.

J'ai l'impression qu'il découvre vraiment sa petite fille. Elle le lui rend bien.

Marche en montagne solitaire pendant que Jacques garde P. à l'heure de la sieste. Je retrouve l'élan des sommets, le silence des forêts et des combes où les animaux descendent dans leur pelage d'été chercher l'herbe grasse. Accueillie par les sifflets des marmottes au détour des chemins. Tout là-haut scintille de la neige tombée cette nuit. Fin août, les jours raccourcissent. En montagne s'annonce déjà quelque chose d'automnal. Je trépigne à l'idée de tout commencer, de tout recommencer. Nette a grandi. Ces longs congés ont permis de réparer quelque chose de la violence du retour. Le sourire est revenu sur nos visages et dans nos corps. Jacques et moi, nous ne pouvons pas nous permettre un autre enfant. J'ai quarante-trois ans, ce serait de la folie. Et puis il y a trop à faire. D'ici à Noël, il faut bûcher ferme pour ouvrir l'hôtel du Doron et l'Annexe à Méribel. Dans l'hôtel, j'adapte le plan de Pierre pour le bar. Lindsay parle déjà de la fête du Nouvel An qui inaugurera les lieux.

Nous partons le 20 septembre, direction Paris.

Dans les lettres de Pierre, je sens son pessimisme entre les lignes. Lui aussi semble prêt à s'investir à nouveau dans un grand projet, mais il ne trouve pas sa place.

Octobre 1946

Pierre et moi avons décidé de partir à Nancy voir Prouvé pour y affiner les termes de notre collaboration future. Pierre serait architecte-conseil des Ateliers Prouvé, rémunéré par un pourcentage sur le chiffre d'affaires.

17 octobre

Impressionnée par l'ampleur des Ateliers Prouvé. Jean va installer dans la banlieue de Nancy, à Maxéville, quelque vingt mille mètres carrés pour trois cents employés. Il dispose d'un bureau d'études qui revisite sous son contrôle les modèles anciens pour les adapter à l'époque. Je crois bien que nous y retrouverons une place, d'une façon ou d'une autre.

28 octobre

Automne d'une douceur inimaginable. Parfois, envie de flâner sur les quais. Regarder couler la Seine, sous le cri des mouettes. Et se sentir très loin. Mais non, se secouer, agir.

Insupportable attente de Prouvé qui ne répond pas à notre proposition. Je multiplie les allers-retours avec Méribel.

Novembre 1946

Gris, gris, gris tout est gris. P. a une très vilaine grippe que nous avons tous partagée. Fièvre. Sur le flanc tous les trois. Maman nous prépare des soupes, mais je ne veux pas qu'elle tombe malade alors je la chasse de la maison. Jacques et moi hagards et P. aussi, alors nous nous regardons Jacques et moi et nous rions de notre infortune. Il n'y a plus que ça à faire. Nette qui ne comprend pas pourquoi, ajoute ses rires aussi. Tous trois, grelottant devant la cheminée, comme une nichée de renards prise au piège de l'hiver.

Effet rebond de la convalescence. Énergie décuplée. Reprendre le courrier resté en retard. Voir Pierre au café. Se secouer.

Les artisans à Méribel me rendent folle. Ils cessent de travailler dès que j'ai le dos tourné, trop occupés à répondre aux commandes de Courchevel. Rien n'avance. Lindsay est un peu fou, je crois.

15 novembre

Voilà, cette fois, la vie est plus forte que moi. Pierre, hier, aux Deux Magots, m'a annoncé qu'il avait décidé de rejoindre Knoll à New York. Il compte partir le 27 novembre. Prouvé nous a laissés tomber, je pense. Il n'y a pas de place pour nous dans sa nouvelle organisation. Pierre n'avait pas l'air totalement convaincu de ce départ, mais il ne peut plus faire autrement.

Six ans plus tôt, je quittais cette partie du monde au seuil de l'été, quand le Paris de juin est parfumé. La guerre commençait en Europe. Je partais rejoindre la paix. C'était moi qui partais pour le Japon. Invitée par un pays, par une culture basée sur d'autres critères que ceux de notre vieille Europe. Je laissais sur le quai celui avec qui je partageais une passion, une vision, une famille professionnelle, une ville, une vie en somme. Quel retournement ! Au début de l'hiver, c'est toi, petit Pierre, qui quitte notre monde parisien. À la demande d'une firme qui dit tout de ce continent qu'est l'Amérique. Ça veut dire des commandes importantes, des moyens, un marché prometteur dans un pays bien moins affecté que le nôtre par la guerre. C'est moi qui reste, cette fois, sur le quai de la vie. Je ne suis pas seule comme tu l'étais. Bien sûr, j'ai Jacques et petite Nette. Bien sûr, ils sont le centre de mon bonheur et pour rien au monde je ne recommencerais, en ce moment, un périple qui m'éloignerait de ce que j'ai tant voulu rejoindre. Mais tout de même. Après les Deux Magots, nous nous quittons sur la place Saint-Germain. Je reprends le chemin de l'appartement et toi le tien. Il y a dans cette nuit toute l'hostilité de novembre, une grande mélancolie, un désarroi nouveau et inconnu. Il n'y a pas d'adieux déchirants, pas de coquillage grec laissé en gage à celui qu'on aime, pas de larmes, pas de nuit blanche qui précède au seuil de la guerre qui a déjà forcé les portes de Paris. Au fond, il n'y a pas de drame. Je suis très contente pour Pierre, mais cette absence de drame rend ce départ encore plus glaçant peut-être. Quelque chose tient de la résignation dans le voyage de Pierre. Si c'était exactement cela que je sens depuis mon retour en France, oui, exactement cela, sa résignation, une résignation sourde et douloureuse, quelque chose qui s'est éteint dans ses yeux, dans son cœur peut-être. Et contre toute attente, c'est lui, le taiseux, le sensible, que réclame le pays du triomphe, la terre des Alliés, la nation des vainqueurs. Pour la première fois, je suis celle qu'on laisse. Lorsque Percy m'a quittée, ce fut un regain de liberté immédiat qui, d'un coup, a effacé tout sentiment d'abandon. Mais ce soir, quelque chose se joue de l'ordre de la perte. J'ai toujours été celle qui part, celle qui bouge et voyage. Cette fois, la sédentaire c'est moi. Impossible de chausser des skis, de pagayer sur la Méditerranée, de voguer sur l'Adriatique ou d'escalader les sommets. Mon existence est ici et maintenant, teintée du sentiment désagréable d'être clouée au sol. Heureusement, le projet Méribel m'accapare entièrement.

Juillet 1946

J'écris à Corbu. Je suis prête à travailler sur le projet Marseille. Près d'une centaine de collaborateurs, mais pas un qui soit spécialisé dans l'aménagement intérieur et le mobilier. Un truc de femme, dirait Corbu.

Décembre 1946

Entre deux allers-retours avec Méribel, je trouve à Paris une toute première lettre envoyée par Pierre provenant de New York où il est arrivé le 28 novembre.

Peter Lindsay avec un flegme qui me rend chèvre annule l'inauguration de Méribel pour la fin d'année. Rien n'est prêt. Face à cet eldorado de l'or blanc, il faudrait imaginer une structure capable de produire des équipements d'appartements et de chalets normalisés afin de répondre à la demande. Je verrai plus tard comment faire. J'en parlerai à Lindsay mais avant tout il faut avancer pour rattraper le retard. Jacques et moi avions décidé de passer Noël à Méribel. Nette va découvrir la neige, la vraie. Cette perspective seule me met en joie. Ma coccinelle savoyarde.

Janvier 1947

Espérons que cette nouvelle année facilite un peu la vie. Fait des photos de Nette dans la neige. Très perturbée au début, c'est devenu son obsession. Elle dit « nèze ».

Je reçois une lettre de petit Pierre qui me fait chaud au cœur. Il écrit d'Amérique. Il a passé Noël dans la ferme Alexandre Calder avec Josep Lluís Sert et Moncha :

J'avais sous l'arbre mon cadeau, et comme je disais à Calder que je voulais te l'envoyer, il m'a de suite montré que tu avais aussi le tien : une broche faite par lui. Tu vois que tu es ici un peu partout. Malheureusement pas dans le travail où ce serait bien agréable d'être ensemble car constamment j'ai des scrupules à employer certains éléments qui furent conçus lorsque nous travaillions ensemble. Tu te rends compte des difficultés, mais je suis sûre que nous pourrons toujours liquider cela très équitablement. Du reste, dans l'hésitation j'ai toujours recours à Sert.

Pas une minute à moi pour tenir ce journal.

18 janvier

Écrit il y a quelques jours à Pierre pour lui proposer de prendre contact avec Johnson Sweeney, conservateur du Museum of Modern Art de New York qui a particulièrement apprécié, je crois, ce que j'ai fait à Tokyo. Il pourrait être ouvert à l'idée de montrer le travail de notre duo Perriand-Jeanneret au début de l'année prochaine peut-être. Pierre m'a répondu :

Ta lettre : grande joie et apaisement pour moi. Vu mon boulot ici, la proposition est parfaite. Une exposition en avril 1948 à New York de nous deux est très possible, surtout s'il se greffe peut-être une nouvelle affaire. Nous formons ici un groupe qui se chargerait de l'équipement intérieur de l'N.U. C'est Viener, associé de Sert, qui en est le promoteur ainsi que Knoll. Dans le groupe : Alto, Sarrinen, Pépète (Sert), Knoll, Viener, toi, moi et divers.

Pierre a l'air heureux comme si cette Amérique lui faisait du bien, plus dynamisante que notre France abîmée.

J'aménage le premier étage d'un très beau chalet paysan. Nous l'avons surnommé Shangri-La. Dérision. Chambres et salles de travail. Radiateurs électriques pour chauffer le tout.

Au rez-de-chaussée, les vaches paissent dans leur étable aux plafonds voûtés.

Planché sur l'avant-projet Marseille avec l'équipe du 35 Sèvres pendant que Corbu ferraille à New York.

Mars 1947

Lettre de Pierre adressée à Blanchon et moi-même :

La production Knoll est d'environ 2 000 sièges par moi, non compris les tables, divans et aménagements divers. Charlotte, le système en Z (Banquette méandre de Charlotte Perriand de

1937) pour l'Amérique est parfait. Je n'ai pas voulu le faire ; ce sera pour notre exposition en 1948... J'ai naturellement posé à Knoll la question de la fabrication en France, lui demandant d'abandonner les patentes. Il est disposé à faire un peu ce que je veux, mais voudrait beaucoup que ça reste des meubles Knoll. Je pense qu'il y aura des possibilités de combinaison Prouvé, Blanchon, Denise et Knoll. Knoll et Chouchou viennent cet été dix jours en France pour faire de la montagne. (Le Néron naturellement !) Nous pourrons parler de tout cela. Knoll a une bonne réputation parmi tous les amis, et Chouchou est un modèle de travail, aimée et respectée de tous. La situation est naturellement très différente d'avec Thonet, mais malgré cela il faudra montrer les dents. Avant mon départ, Sert et son associé Viener m'assisteront pour l'établissement d'un accord. Heureusement, car moi j'ai des faiblesses, et pour cause, je suis finalement un pauvre être toujours dans le provisoire, sans logis, sans famille (pour Charlotte !) – ceci sans aucun reproche, mais avec une grande tristesse – et sans nationalité ! À propos, bon Dieu, suis-je français ?

19 avril 1947

Petit Pierre est rentré hier de New York. Pris un café entre deux portes avec lui. Il me dit que faire des meubles c'est bien, mais qu'il préférerait construire des villes et des maisons. D'un côté et l'autre de l'Atlantique, je vois bien qu'on se bat chacun pour demeurer coûte que coûte à la hauteur de notre idéal.

Je commence à travailler sur la cellule de l'unité d'habitation de Marseille pour Corbu.

Pas le temps de m'occuper de quoi que ce soit à part dessiner, réaliser, dessiner, réaliser, dessiner, réaliser… et ainsi de suite.

Besoin de me pencher sur la réédition de mes meubles qui pour l'instant ne fait l'objet d'aucun contrat. Ai écrit à Blanchon à ce sujet. Avec Jeanneret, il faut voir comment régulariser cette question de royalties.

Mai 1947

Marseille. Développé l'idée de murs utilitaires composés de rangements de toutes sortes afin d'optimiser les sas sans lumière que sont les zones toilettes et salle de bains. Pas de perte de place. Tout le monde reconnaît le rythme que donnent les casiers sur les cloisons mobiles.

Soleil qui claque déjà.

Écartelée entre Méribel, Paris et Marseille.

Pernette glisse des dessins dans mes dossiers pour « travailler avec maman » dit-elle. Éruption de tendresse au milieu des plans. Regards étranges des collaborateurs sur moi lorsque je déballe mes cartons.

Heureuse de la présence inestimable de ma petite fille.

D'ailleurs, c'est Pernette et ses dessins qui me refont penser à l'idée d'un grand mur d'ardoise comme celui conçu pour la maison du jeune homme, en 1935. J'imagine la même surface sur les parois coulissantes dans les chambres d'enfants, ils pourront y dessiner leurs rêves.

Juillet 1947

Corbu est rentré de neuf mois aux États-Unis. Entre mes allers-retours avec Méribel, aller voir P. à Châlons-sur-Marne et mes déplacements à Marseille, pas du tout eu le temps de rendre visite à Von en l'absence de son mari. Je n'arrive pas à être sur tous les fronts. Depuis un an, je me prive de pas mal de joie et beaucoup de ma petite Nette qui grandit loin de moi.

12 juillet 1947

À Corbu, j'écris : « Depuis ton retour, je n'ai pas senti en toi la sympathique amitié et confiance de nos premiers contacts. Qu'y a-t-il ? »

Je suis bien décidée, cette fois, à dissiper les erreurs d'interprétation dont il a la spécialité et qui rongent nos rapports. Je ne comprends pas quelle mouche pique encore Corbu. Fatiguée de ses humeurs soupe au lait et de sa susceptibilité.

27 septembre 1947

Corbu modifie toutes les proportions. Il faut tout réviser, revoir les calculs basés sur son Modulor. Dans les chambres et le salon il supprime mes portes coulissantes à casiers-rangements. Raison ou acharnement ?

Les arguments de Corbu concernant la place de la femme au foyer, une femme heureuse si son mari est heureux… dit-il, me semblent consternants.

22 mai 1948

J'ai sauvé toute ma documentation photographique sur l'art japonais (seul souvenir rescapé, tout le reste volé en Indochine). Je me prépare à en faire une publication dès que j'aurai un peu de temps – car la vie est très difficile car très chère.

Ma Nette qui est à la campagne me manque. Lui rendre visite m'apporte un bonheur immense, mais autant de déchirement au moment de la laisser.

23 juin 1948

Finaliser les termes du tandem Perriand-Jeanneret en rédigeant avec Blanchon un nouveau projet d'accord. Pour l'EM (Équipement de la Maison) et pour Knoll qui m'a demandé des projets.

Juillet 1949

Suite à la demande du ministère de la Reconstruction, on a enfin présenté à Marseille un prototype grandeur nature de la cellule d'habitation. Murs en carton, mais tout le reste y est véritable. Mes meubles ainsi que ceux de Jeanneret et Prouvé y sont en bonne place. Nos principes depuis leur mise en œuvre demeurent toujours adéquats.

Ma cuisine tout-en-un devrait être produite en trois cent vingt-sept exemplaires prêts à poser.

Un refuge

Lindsay m'a proposé de me régler mes honoraires par un terrain à Méribel. Je l'ai choisi en arpentant les herbes folles et les gentianes, mesuré au compas de mes enjambées.

Après les déboires de ces dernières années, la difficulté à imposer ma signature, les démêlés pour établir ma reconnaissance au sein du trio que nous formions avec Jeanneret et Corbu, jamais la perspective d'un bout de terrain dont je ferais un refuge pour les miens ne m'a paru plus enviable. Mon rêve.

Formes utiles

Avec Francis Jourdain, André Hermant, René Herbst, Georges-Henri Pingusson nous avons décidé de fonder Formes utiles, un sous-groupe de l'UAM qui j'espère devrait avoir une grande influence dans l'histoire du développement de l'esthétique industrielle dans le pays. C'est André Hermant qui a proposé le nom « Formes utiles », nous l'avons adopté. C'est l'accord entre les exigences de la matière et les aspirations de l'esprit qui confèrent leur utilité et leur beauté aux formes. C'est ce que je veux célébrer.

Pour la première exposition que nous avons baptisée « Formes utiles, objets de notre temps », Herbst me confie la sélection et la présentation des objets utilitaires pour la section habitation et mobiliers, matériaux et revêtements.

C'est curieux comme je me sens refaire ce que j'ai accompli au Japon et en Indochine, cette sorte d'inventaire du quotidien. Si les réels bénéfices de mes expos « Sélection, Tradition, Création » à Tokyo en 1941 et celle de Hanoï en 1944 se récoltaient maintenant ? Finalement, je commence à ressembler à une documentaliste de l'intérieur aux quatre coins du monde depuis ces dernières années. Je pense que Léger, Calder, Miró, Corbu devraient être inclus dans le projet. Je savais que cette synthèse des arts ébauchée en 1941 verrait le jour.

Novembre 1949

Comme je suis heureuse, Léger prête pour Formes utiles sa toile *Les Plongeurs sur fond jaune*. Picasso travaille avec les ateliers Madoura, et Léger, Miró, Corbu ont fourni des cartons aux tisserands. Au voisinage de mes éléments d'équipement, de mon nouveau système de Penderie démontable, de la Bibliothèque à plots bois conçue avec Pierre, cela prend tout son sens. L'adaptation en métal par Prouvé de mon bahut à flanc de tôle pliée y figurera également.

Cette exposition au musée des Arts décoratifs va être un succès, je le sens.

Mars 1950

Échanges violents avec Corbu. Il veut reprendre à son compte les dessins de ma cuisine de Marseille. La publication des photographies du prototype soulève la question – plutôt épineuse pour lui – de la filiation des dessins. Ai envoyé une lettre rageuse. Trop peut-être. Mais tant pis. Il ignore volontairement leur origine – mes plans. Dans le catalogue, je suis simplement créditée selon la formule : « Conseil Charlotte Perriand. » Parfois, je me demande pourquoi je te révère tant, Corbu ?

22 mars

Je m'attelle au plan de mon texte « L'Art d'habiter » pour le numéro spécial de la revue *Techniques et architecture.* Max Blumenthal m'a demandé d'écrire un essai qui explique ma vision. Parution prévue en août. Ce sera mon manifeste, je crois. On verra comment tous ces hommes qui dessinent des façades au kilomètre sans se préoccuper des intérieurs entendront la voix d'une seule femme architecte au sein de leur monde bien rangé. Je constate à quel point l'aménagement intérieur – surtout aux yeux de Corbu – est une chose de femme, un art mineur en quelque sorte. Moi, je pense qu'il y a l'art du créateur qui est singulier, mais il y a l'art d'habiter qui est universel.

Mars 1950

Anniversaire de Nette. Bouffée de fraîcheur. Elle dessine sans cesse. On a créé des costumes.

Elle invente des fables toute la journée. Elle est adorable.

Septembre 1950

Les Monnet sont contents je crois de ce que je fais pour leur appartement rue d'Ulm. Georges m'écrit :

Rue d'Ulm, nous vivons bercés par les coups de marteau et enivrés par les odeurs de peinture. Mais tout va bien. Le peintre a échantillonné son vert, qui n'est ni wagon, ni bouteille, ni porte cochère : il a fini par comprendre qu'il est "Charlotte Perriand" et rien d'autre.

Décembre 1950

Je discute pied à pied avec Pierre qui refuse de répondre à la proposition de Corbu de partir en Inde pour réfléchir à une ville nouvelle dans le Pendjab. Petit Pierre me cloue le bec en me disant : « Ça me suffit de bien construire une cabane à chien. »

Je ne lâche pas. Pierre est seul dans son appartement de la rue Jacob où je crois qu'il déprime. Il rêve d'être un bâtisseur, mais s'en sort à peine. Pourquoi sans cesse dire non ? Il prétexte qu'il est pris par le chantier de Béziers, dit qu'il ne veut pas quitter Paris mais enfin pour quoi faire ? Je lui dis qu'il n'a pas de Jacques, pas de Pernette, qu'il devrait mettre à profit sa liberté. Rien à faire, il clame qu'il ne veut pas partir de Paris.

Janvier 1951

Le ministère des Affaires étrangères me charge d'assurer la sélection et la présentation de la section française « meubles et décoration » de la 9e Triennale de Milan.

Jacques est nommé directeur de la représentation régionale d'Air France au Japon pour ouvrir la ligne entre Paris et Tokyo et développer le trafic aérien entre l'Europe, l'Asie et le Pacifique. Je suis dépitée de ne pas pouvoir partir avec lui. Trop occupée ici. Mais tellement heureuse que le Japon à nouveau revienne dans notre vie. Nous partirons dès que possible avec Nette.

10 février 1951

Il semblerait que Pierre enfin accepte de partir en Inde. Alléluia !

20 février 1951

Jeanneret et Corbu sont partis pour l'Inde. Me voilà toute seule.

Mars 1951

Une longue lettre arrivée d'Inde. C'est Pierre. Timbre exotique. Je me réfugie près de la cheminée pour déguster son courrier.

14 mars. Depuis notre arrivée, nous travaillons sans arrêt à l'établissement d'un plan définitif. Nous en sommes à notre 5e plan, et j'aimerais bien qu'avant le départ de Corbu, le plan soit accepté par le gouvernement. Corbu est très agréable dans le travail… La situation se présente différemment de ce que j'imaginais, c-à-d faire le plan d'une ville. Notre situation à (Maxwell) Fry et à moi est plutôt de mettre en œuvre et le plus rapidement possible des éléments pour CONSTRUIRE une ville. À Chandigarh, j'ai une sacrée leçon. Je construis ! Et des lignes de maisons. Tu t'imagines combien l'esprit change lorsqu'il s'agit d'une ligne de cent maisons et non d'une maison pour un bien gentil ménage parisien. Et attention le prix est précis et pour l'instant la brique est seule possible. Tu te rends compte de mes émotions. Un soir discutant avec Corbu, Jane Drew (femme et associée de Maxwell Fry) me demande quelle est la plus grande peur que j'ai eue dans ma vie ? J'ai raconté des histoires de montagne que tu connais bien, j'ai raconté que pendant la guerre j'avais été plaqué contre un mur par les Allemands, menacé de mort. J'ai raconté que j'avais vu un petit garçon tomber d'un trapèze et en sang, puis finalement, je lui ai dit que peut-être ma plus grande peur était de mettre pour la première fois les pieds sur un de mes chantiers non vus depuis longtemps. Corbu, souriant, et satisfait, dit : c'est bien cela la plus grande peur. Tout ce boniment pour te dire que maintenant que je mets au monde de multiples constructions, chaque fois que je vais sur le chantier je dois prendre tout mon courage. Heureusement, il y a quelques satisfactions, non seulement pour moi, mais aussi pour mes collaborateurs. J'ai une gentille équipe, et le travail marche plutôt bien dans la bonne humeur et la confiance. Moi seul, je n'ai pas toujours confiance en moi. Ici, tu aurais un très grand plaisir. Nous faisons des maisons, mais il faudra aussi faire beaucoup de meubles. À vrai dire, pour l'instant, tu ne ferais pas des meubles, mais des maisons, autant de maisons que tu voudrais. Les conditions sont dures, mais je suis sûr que tu y arriverais très bien.

J'ai lu sa lettre le sourire aux lèvres. Petit Pierre en général en chef d'une armée d'ouvriers, à la tête de centaines de maisons sous les tropiques. Je n'arrive pas y croire. Plutôt, lui n'arrive pas y croire, lui qui dépérissait ici.

Mai 1951

Blanchon m'envoie un mot : *Vu dernièrement Knoll en coup de vent. Il doit repasser par Paris. Fera signe pour te voir.* On verra. Assez d'espérer sans cesse que les choses se fassent. Si elles doivent se faire, qu'elles se fassent. Je suis épuisée.

Je ne suis même pas allée à l'inauguration de la Triennale. Les critiques m'éreintent déjà. Au prétexte qu'il n'y a pas assez de fanfreluches dans mes choix. Je m'en fous pas mal. J'ai pour moi, ma conscience, la connaissance, celle de mon métier, et j'ai su sauvegarder mon esprit de liberté.

Novembre 1952

Ai décidé de partir au Japon avec Pernette rejoindre Jacques.

Jacques m'a confié l'aménagement des bureaux d'Air France dans le building Nikkatsu et celui de notre maison traditionnelle dans le quartier d'Akasaka.

Une maison traditionnelle me paraît plus proche de tout ce que j'ai observé au Japon lors de mon premier voyage, proche de cet artisanat et de cet art de vivre à la japonaise pour lequel j'ai tant d'admiration et dans lequel, je crois, mes créations auraient à nouveau entièrement leur place. Je crois que Jacques est d'accord d'autant qu'une partie de la maison sera réservée à la représentation de sa fonction. Je pense à ce pays comme à un baume. Je suis fatiguée. Pernette ne tient plus en place.

31 décembre 1952

Clouée au lit. Épuisée.

Mars 1953

Je reprends des forces. Jours de grande faiblesse, que m'arrive-t-il ?

Quatre mois alitée. Pas le courage d'écrire une ligne. Première fois depuis des semaines que je sens revenir en moi ma bonne humeur.

C'est l'anniversaire de Pernette. Elle a dix ans. Je me souviens de ce petit bout de fille lorsqu'elle a débarqué dans ma vie au milieu des bombes et des bris de verres. Ma coccinelle indochinoise. Petite bombe elle-même, petite bombe de douceur et de chair. Quel destin te sera réservé au milieu des hommes, ma fille chérie ? Alors que je me bats sans cesse face à eux, avec eux, à leur côté et dans leur ombre. Ai-je grandi dans celle de Corbu ? Je dirais oui, bien sûr. Il restera mon maître. Lui et Jeanneret m'ont tant appris. Mon aventure est indissociable de la leur. Et toi, ma Nette ? Auprès de qui apprendras-tu la vie ?

Fin mars

Je ressens une jubilation à me sentir mieux, enfin sortir de cette maladie, pile pour le printemps ! Malgré tout, les jours qui s'allongent, la lumière qui jaunit sont teintés d'une sorte de mélancolie que je ne me connais pas. Impossible de rester avec ce spleen sur les bras. Il faut que je me secoue. Je dois sortir de cette léthargie. Sortir de cet état de faiblesse. Ne rien produire, ne rien faire, ne rien entreprendre, c'est idiot mais c'est au-delà de mes forces. Ce n'est pas dans ma nature. Que s'est-il passé ? Quatre mois de maladie, d'incapacité, d'absence au monde. C'est cela, je me suis absentée du monde. Absente à Pernette aussi. L'année dernière, Jacques est parti à Tokyo, Pierre et Corbu en Inde. Moi restée seule à Paris, écartelée entre les différents projets, les échecs et les urgences, ces derniers se confondant parfois. Cette maladie serait le prix à payer pour les années de combat depuis mon retour en France.

Mai 1953

Je ne pense qu'au Japon. J'y pars dans quelques jours pour deux mois. En repérage, en somme. Je ne veux plus me consacrer qu'à cela. J'aimerais faire cette grande exposition à Tokyo et Osaka sur le thème de l'évolution de l'habitat et de son industrialisation, une synthèse des arts, une fusion des anciens et des modernes et une fois de plus y inviter mes amis, Léger, Corbu, Jeanneret, Prouvé, Calder, Miró, Picasso… Établir une réelle collaboration entre créateurs et industriels. Il me semble que cela pourrait répondre des années plus tard à ma première exposition japonaise.

Juillet

Rentrée à Paris. Laissé Jacques là-bas. Nette virevolte à la perspective de repartir avec moi à l'automne. Il me semble qu'elle a grandi d'un coup.

Notes japonaises écrites sur des feuilles volantes laissées là-bas.

En résumé : Les grands magasins Takashimaya vont financer l'exposition. Ai retrouvé Junzō Sakakura (il construit le premier musée d'art moderne du Japon à Kamakura), très intéressé par ce que je lui ai dit de Prouvé, ai revu les Nishimura, les amis laissés là-bas après mon départ, il y a onze ans, déjà ! Ai retrouvé ma famille de cœur. Ai commencé à penser à aménager la maison avec mon mobilier Résonance inspiré du Japon traditionnel. Exploration des techniques de pliage appliquées aux meubles en bois lamellé ou bambou. Amusant d'imaginer les meubles conçus pour Jacques dans ma future exposition. Synthèse des arts. Synthèse de ma vie. Jacques très heureux de mon aménagement.

Retour de fatigue qui me cloue au sol. Sur le flanc. Pas la force d'écrire. Arrêter ce journal. N'y laisser que les traces du bonheur et celles de mes voyages. Je pense qu'y consigner les échecs et les batailles vaines ne sert qu'à ressasser les aspects négatifs du quotidien. Que s'écrive donc ici désormais uniquement la joie. Une joie sans mélange. C'est un point de vue aussi arbitraire que cette couleur verte dont Monnet a déclaré un jour qu'il serait le vert Perriand. Il faut savoir arrêter le curseur à l'instant T. Je décide que c'est maintenant et retrouver ainsi l'émerveillement intact lorsque s'ouvrait devant moi la liberté. Il n'y a dès lors que ce retour au Japon qui m'apaise. J'ai fixé mon départ à l'automne lorsque la saison teinte de sang et d'or les parcs et les jardins. Ce Japon, mon Tokyo qu'il me tarde de montrer à Jacques et à ma Nette, mon enfant d'Indochine que je vais désormais emmener sur mes terres.

Suis allée voir Prouvé dans ses ateliers de Maxéville. Très heureux et fier d'œuvrer à la réalisation de ma table Air France, simple feuille d'acier plié d'une seule pièce.

Journée à Gif-sur-Yvette avec Léger. Choisi ensemble pour Tokyo céramiques murales, toiles, tapisseries et un grand tapis qu'il va créer pour l'expo.

Corbu veut bien prêter, mais sur le principe du donnant-donnant, à condition que les Japonais s'engagent à lui acheter des œuvres, toiles ou tapisseries. Corbu méfiant.

20 septembre 1953

Y a d'la joie dans le ciel par-dessus le toit, y a d'la joie comme chantait Trénet. Je fais mes bagages et ceux de Pernette. Quitter la France et ses tracasseries. Souffler un peu. Je compose ma garde-robe sur le principe de ma quincaillerie combinatoire. Dépareiller-réassortir, modules interchangeables, comme pour mes recherches de normalisation : pour le bas quatre jupes longues ou courtes, pour le haut, pulls, chemisiers et bustiers, ce qui, conjugués, me donne au moins seize combinaisons. En ajoutant écharpes, étoles, bijoux insolites, gants, j'arrive ainsi à une grande variété avec beaucoup d'imprévu et de fantaisie – toujours semblable, jamais pareille.

Tokyo

Pernette est une petite fille de dix ans. Et ici, sa façon de consigner sa vie est de la dessiner. Parfois, elle me voit tenir ce journal. Je lui dis : Je fais comme toi, je dessine avec des mots. Sur ses feuilles, elle reproduit les feuilles d'érable qu'elle colorie ensuite, ramasse à peu près tout ce qu'elle peut, des riens, des bricoles. Manie d'inventorier comme moi. Souvenirs de nos balades fouineuses avec Pierre et Léger lorsqu'on ramassait des bricoles/déchets qui nous semblaient des trésors. Elle s'étourdit de tout, dessine les oiseaux du jardin, le chat qui boit son lait, la tortue, la mer. Merveille de la voir s'épanouir ici, en prise directe avec mon pays, avec ce que je lui ai raconté si souvent lorsque, le soir, je lui répétais pour la millième fois d'où venait sa petite maman après la énième demande : « Et toi tu étais où ? — En Indochine avec toi, ma Nette. — Avec les bombes ? — Oui, avec toi et ton papa. — Mais avant tu faisais quoi ? Tu étais où avant maman ? » Alors, je reprends les anecdotes du Japon. Moi en diable aux yeux bleus et aux cheveux rouges est son histoire préférée, je sais qu'à cet instant elle se cache sous les draps et que je peux mourir d'amour pour cette enfant. Consolation absolue.

Dans la rue, certaines Japonaises habillées à l'occidentale, d'autres en kimono. La tentation d'embrasser la modernité post-guerre. Ambivalence. Tension entre passéisme et futur. Partout cette crise d'identité, féconde parfois.

Juillet 1954

Devant les retards considérables que prend l'organisation de cette exposition, je décide de revenir trois mois à Paris.

Problèmes sans fin là-bas malgré la bonne volonté de tous.

Pas certaine d'aimer encore Paris.

Fin octobre 1954

Tokyo. Pernette s'est prise de passion pour le théâtre traditionnel. Auprès du grand acteur de kabuki, Kochiro. C'est notre servante, au service de Jacques qui a vendu la mèche. Elle a fait savoir la passion de P. pour le théâtre. Pour le plus grand plaisir de Nette. Elle a d'abord été invitée dans la loge de Kochiro pour assister au cérémonial de son maquillage que lui seul effectue. Puis nous avons été conviés à rencontrer sa famille chez lui. Finalement, Pernette a pu accéder à l'école de danse de formation gestuelle, inaccessible aux étrangers et aux amateurs, où se rendent les enfants Kochiro, de génération en génération, des garçons destinés à succéder, selon les règles immuables, aux rôles tenus par leurs aïeux, portant leur nom, perpétuant la tradition familiale.

La voir au milieu des petits Japonais, portant une perruque de cheveux noirs, ses grands yeux bleus et son visage clair au milieu des autres enfants qui suivent sans ciller les gestes du maître kabuki qui les guident à genoux pendant des « séminaires » intenses de huit jours suivis de trois semaines de repos, demeurera, j'en suis certaine, un des souvenirs les plus chers à mon cœur.

7 décembre 1954

En regardant le bilan de ces presque trois ans, je frémis à la pensée que, si mon mari n'était pas venu à mon secours et si je n'étais pas partie au Japon, j'arrivais à l'impasse, et ça aurait été pour moi une sombre catastrophe, puisque à la date de mon départ, je ne pouvais compter que sur la somme globale de 1 094 000 francs pour couvrir une activité acharnée de trente-deux mois, soit moins de 35 000 francs par mois – frais de dessin et de bureau à ma charge…

C'est un cauchemar.

Je m'étais promis de ne plus écrire ici de nouvelles qui me rendent malade. Tourner la page.

7 avril 1955

Jacques et André Ross, le conseiller économique de l'Ambassade de France, m'ont permis de mener cette exposition jusqu'à son terme. Junzō Sakakura et Martha Villiger – qui s'occupe de Pernette quand je ne peux pas – m'ont donné un coup de main. Victoire… mais à quel prix ! Immense fatigue.

Les deux grands axes de l'expo, arts plastiques d'une part et l'habitat d'autre part, sont riches. Huit tapisseries et deux peintures de Le Corbusier, trois tapisseries, deux peintures, sept céramiques, quinze maquettes des vitraux de l'église du Sacré-Cœur d'Audincourt, le tout provenant de Fernand Léger, outre les estampes de Pierre Soulage, Germaine Richier, Gérard Schneider et Hans Hartung, des ouvrages sur Picasso, Matisse, Cézanne, Gauguin.

Fierté de fédérer mes « frères » sur mon simple nom. À leur côté, j'ai présenté ma « quincaillerie » : plots, tiroirs en plastique, composants du système de rangement, mon mobilier empilable ; chaise et fauteuil « ombre », table Air France, banquette Tokyo, éléments combinatoires.

Jacques très heureux de sa femme. Sa femme qui ne rêve que de se remettre au lit totalement laminée par la maladie.

Nous rions quand même un peu lorsque je lui dis que je suis la plus extérieure des femmes d'intérieur.

16 mai 1955

Lettre à Corbu en réponse à ses plaintes et ses demandes de récupérer ce qu'il a « prêté » pour l'événement :

> *Inauguration de l'exposition par une réception privée le 30 mars, le 31 par une invitation restreinte et le 1er avril au public. Les derniers jours et nuits ont été particulièrement affolants… j'ai pris le lit pas en forme du tout le 3 et 4, puis, je me suis relevée pour prendre de belles photos et j'ai*

définitivement repris le lit le 15. [...] L'exposition a eu un très vif succès, j'en apporterai catalogue et photos.
Il y avait quelques acheteurs pour les tapisseries, malheureusement le ministère du Commerce a été inflexible et a refusé l'autorisation de transfert des devises. Je me suis toutefois permis d'accepter d'échanger Les Trois Musiciennes sur fond noir. *Cette dernière tapisserie a été achetée par Takashimaya... Il désirait échanger cette tapisserie contre les « 8 », mais j'ai refusé car les deux n'étaient pas du même atelier. Takashimaya garde encore ton tableau et* L'Ennui régnait au-dehors. *[...]*
En résumé : deux tapisseries ont été vendues et ton tableau. [...] Voilà Corbu je suis encore trop fatiguée pour t'écrire plus longuement. J'ai ramassé une paratyphoïde dont je ne suis pas encore débarrassée.

Cette exposition m'a demandé près de deux années d'effort. Et, depuis ce jour, que d'obstination à la réaliser et que de gratitude je dois à tous mes amis japonais qui m'ont aidée et qui ont cru en son utilité. Elle n'est pas exactement ce qu'ils ont imaginé. Elle doit être comme toute chose occidentale, considérée comme un exemple, plutôt que comme un modèle, et sans doute eût-elle été différente si les artistes français que nous sommes avaient voulu exprimer une synthèse des arts du Japon, tenant compte des coutumes des matériaux et des techniques de ce pays. En réalité, cette exposition doit montrer les tendances et les préoccupations de l'Occident, en ce qui concerne les arts plastiques et l'habitat. Elle est basée sur deux thèmes d'actualité, déjà ceux de la Triennale de Milan : exprimer la collaboration entre les artistes et les producteurs industriels, réaffirmer le rapport d'Unité entre l'architecture, la peinture, la sculpture. Quant à l'intégration des Arts, Le Corbusier est bien placé pour en trouver les meilleures conditions. Il a bouleversé toutes les habitudes de stagnation, il est suivi par toute la jeunesse dans le monde entier, il influence toute l'architecture moderne : en Colombie, il a participé à l'édification de la ville de Bogota ; au Punjab, il a construit la capitale de Chandigarh ; en France, il a conçu l'immeuble expérimental de Marseille qui pose le problème d'habitat dans les grandes concentrations. Mais, comme architecte, il s'intéresse à toutes les branches de l'activité de son art, peinture, sculpture, littérature ; il a créé toute une gamme de tapisseries à l'échelle de son architecture, véritables murs mobiles, présentées dans cette exposition. De Fernand Léger, Jean Cassou a dit : « Le vocabulaire inventé par les cubistes a fourni le style de notre époque, mais c'est notre époque qui s'exprime, qui parle et crée par les signes qu'elle a inspirés au génie créateur de Léger ; il s'est fait, plus exactement il a été fait l'écho sonore et l'interprète de notre âge dynamique et industriel. » Fernand Léger réclame des murs, des tableaux de chevalet ne lui suffisent pas. Il crée des vitraux, des mosaïques pour les églises, des tapisseries ; avec ses sculptures polychromes, il a trouvé une nouvelle expression murale de l'art de la céramique. Synthèse des Arts ? Ce sont tous ces éléments, architecture, équipement mobilier, objets usuels, tapisseries, sculptures polychromes, toiles murales, qui, se complétant, tendent à l'unité. Je sais bien que toutes œuvres font figure de production de luxe. Mais doit-on laisser périr ces belles techniques artisanales, ou au contraire sauvegarder et réexprimer ce magnifique patrimoine artistique, qui trouvera sa place dans les édifices à usage collectif ?

Dans l'avion qui nous ramène du Japon.

Pernette, à côté de moi, s'est endormie. Elle n'a pu retenir ses larmes et m'a fait promettre de revenir. Bien sûr, ma Nette, dans NOTRE pays.

Paris

Léger et moi essayons de trouver des dates compatibles, mais impossible de me rendre à Gif pour l'instant.

Paris est tout habillé d'été. Les marronniers projettent sur les trottoirs leur nappe d'ombre. Les terrasses des cafés sont pleines de monde. J'ai cinquante-deux ans et je devrais m'enthousiasmer pour l'humeur très flirt de ma ville, mais je me sens très très vieille. Mal partout. À quatre heures de l'après-midi, je sombre dans des siestes interminables.

Partir à Méribel d'urgence. Les séquelles de la paratyphoïde me mettent K.-O.

17 août 1955

J'apprends par le journal la mort de Fernand Léger. Les mots qui l'encensent ne traduisent rien de mon colosse tendre. Le journal m'est tombé des mains. Mon ami, qui refusait de lâcher sa bouteille pendant nos balades en forêt, tu es parti. En silence et sans que je le sache. Je suis restée Petit Phoque telle que tu m'avais baptisée, tu le sais.

Foudroyée de chagrin. Grand abattement. Je reste en silence face à la montagne inondée de lumière.

À force de te croire éternel, nous avions fini par le penser. Mon voisin de Montparnasse, mon grand cœur d'ours, mon Normand si sensible, toi ? Déjà ? Pourquoi nous laisser maintenant alors qu'il y a encore tant à faire ?

Bien sûr je m'en veux de t'avoir raté à Gif. Bien sûr j'en suis encore plus malade. T'aurais-je vu, j'aurais pu peut-être déceler qu'il fallait prendre soin de toi. Mais la vie est ainsi faite, on passe parfois à côté des vivants pour quelques instants de retard. Rire sans toi ne sera plus pareil. J'ai ouvert grand les fenêtres avec l'envie idiote que l'air qui entre dans le chalet soit aussi un peu celui que tu as respiré à Gif et qu'ainsi nous nous croisions là, dans l'azur et l'été, une dernière fois. Il y a quelque chose de ton âme qui vole en cercles concentriques sur les colonnes d'air chaud comme ce petit rapace solitaire que j'observe depuis tout à l'heure. Ses appels qui résonnent clair contre les flancs de la vallée m'ont fait lever la tête. C'est le glas qu'il sonne pour moi, celui de ton absence. J'y vois ton esprit s'élever très haut, très loin. Je me souviens, lors de cette soirée à l'ambassade à Paris, la façon dont ton humour a immédiatement coloré mon existence et même les rues de Paris d'éclats de bleu et de jaune. Comment te dire tout ce que je retiens, comment ne pas t'embarrasser avec ma peine, toi, géant pudique cher à mon cœur. Comment faire face à l'idée qu'il faut aujourd'hui passer de toujours à jamais, que ta voix s'est éteinte, que ton atelier de Gif n'est désormais qu'une chambre froide.

J'ai peur de dormir. J'ai peur de me souvenir. Ai envoyé télégramme à Jacques pour lui annoncer la triste nouvelle.

Lettre à Pierre :

Quel choc, cette mort de notre Léger. Tout un journal est passé devant mes yeux, nos photos, les petites pommes, ce bon gros Léger, si humain – et comme je l'aimais – ; j'ai eu beaucoup de peine à la mort de mon papa – mais ce n'était pas le même chagrin. Il me semble là que j'ai été emportée quelque part dans mon être, à qui le dire mieux qu'à toi.

J'écris à Nadia Léger :

Vous ne pouvez imaginer comme je suis triste de penser ne plus revoir notre cher Léger. Je suis doublement touchée d'être partie me reposer sans le voir et sans lui avoir donné la satisfaction de voir le résultat de son exposition à Tokyo. J'avais pris des photos exprès en pensant à lui et à lui faire plaisir. Comment pouvais-je penser que je n'aurais plus cette joie et ce réconfort ?

Chacun son chagrin, chacun ses souvenirs. Je m'effondre dans des sommeils si soudains qu'il ne s'agit pas de se reposer, mais d'oublier aussi brutalement que les souvenirs m'assaillent, comme on reçoit une gifle.

18 août

Lettre de Nadia Léger :

Ma chère Charlotte, si tu savais comme il a voulu te voir avant son départ, il t'estimait et il t'aimait.

Septembre 1955

Pernette est furieuse. Elle ne repart pas avec moi à Tokyo. Son attachement à cette ville me touche. Du haut de ses onze ans, elle en a déjà compris bien des aspects. Je dois avouer que retourner là-bas m'apaise. Lors du démontage de l'exposition revoir les œuvres de Léger me cause autant de joie que de tristesse.

À Tokyo, l'été se meurt et dégénère en tempête tropicale. La ville essuie les queues de typhon. L'air est saturé d'humidité. Dans les parcs et les rues, les cadavres des grosses cigales qui envahissent la ville lors des premiers orages signalent la fin de la canicule.

L'exposition a été un succès, je crois, même si certains critiques japonais émettent des réserves. Tout cela n'a pas beaucoup d'importance. L'énergie que j'ai mise à arriver au bout du processus, et ce malgré toutes les embûches, suffit à elle seule à me donner raison. Un point c'est tout. Hors de question de penser que toutes les forces engagées pour cela trouvent leur conclusion dans l'aigreur de quelques critiques réactionnaires.

Nous décidons de faire un grand tour par l'Inde avant de rentrer en France. Bien sûr, étape capitale à Chandigarh pour voir petit Pierre appartenant totalement à ses terres indiennes.

Chandigarh

Magnifiques réalisations de Pierre. Il est vraiment le général d'armée que j'imaginais. À la tête de centaines d'ouvriers qui le vénèrent. Très impressionnée de le voir si à l'aise sur ce sol indien devenu vraiment son pays. Il a enfin trouvé sa terre promise. Avant de le quitter, il me confie des pétales de rose. Toujours la délicatesse de Pierre.

1957

Il était temps. Je vais enfin avoir mon bureau. Par un hasard miraculeux, je peux acquérir deux garages face à l'appartement. Je vais y aménager un espace de travail. À Pierre, j'écris :

> *J'ai acheté deux garages sur la rue Las Cases pour travailler. Ils sont pour l'instant inutilisables, je dois les transformer. (Jean) Borot m'a fait l'avance de cette acquisition – si gentiment que j'ai accepté –, mais c'est une lourde dette – et je dois terriblement travailler pour y faire face…*

Février 1957

Le salon des arts ménagers vient d'ouvrir au Grand Palais. J'y présente les éléments de ma Maison japonaise. Collaboration avec le journal *Elle*. Jamais organisation d'un tel événement ne m'a paru si légère et fluide après les deux années de calvaire à Tokyo. Étrange de partager avec ce magazine au titre si féminin mon parcours de femme seule, si seule au milieu des hommes. Pernette ravie par les hôtesses japonaises invitées par le *Elle* à faire une démonstration de l'art de vivre nippon. Elle se précipite pour échanger avec elles quelques mots dans leur langue. À treize ans, elle commence à réfléchir à devenir une jeune fille. Émouvant de voir grandir ma coccinelle. Le tabouret Butterfly de Sōri Yanagi fait partie de la production de Takashimaya rachetée par les Galeries Lafayette pour l'occasion. Fière d'avoir pu attirer ici deux grands noms de la culture nationale française, ce magazine et les grands magasins.

Au même moment, le journal *Combat* m'a demandé un article sur le sujet.

Mars

Anniversaire de Pernette. Je lui offre une lampe en papier de Noguchi. Maman lui offre un médaillon qu'elle portait plus jeune. Pernette adore sa grand-mère. Moi, bouleversée.

24 mars

Je me relis dans *Combat* : *Nous présentons les éléments qui restent facteurs de progrès pour nos deux civilisations, il s'agit en architecture d'éléments normalisés et parfaitement modulés de toute demeure traditionnelle japonaise, ville et campagne, sans discrimination sociale [...], ce que n'a pas encore réalisé notre architecture moderne, qui tout en parlant d'industrialisation du bâtiment n'a pas fait l'unité, ni entre les architectes ni entre les architectes et l'industrie.*

5 octobre 1957

Coup de fil de Corbu cet après-midi. Von vit ses dernières heures. « Je t'en prie va la voir. Yvonne va très mal. C'est la fin », m'a-t-il dit. Me suis précipitée à la clinique. Von dans le coma. Fini son accent de soleil qui chantait dès qu'elle ouvrait la bouche, comme si son cœur était fait de lavande. Corbu arrivé après moi. En l'accueillant sur le pas de la chambre, je lui ai dit, elle t'attend.

Bien triste soirée à la maison.

6 octobre

Suis allée à Boulogne. Dans l'antre de Corbu, rue Nungesser-et-Coli. Von repose dans la chambre d'amis. J'y ai trouvé Corbu, recueilli près d'elle. Il m'a dit : « Regarde comme elle est belle. » Je repense à elle, en silence. Comme elle aimait cet homme pour venir ici, loin de sa place Saint-Germain qu'elle adorait, loin des cafés qu'elle buvait aux Deux Magots. Devant moi Corbu, ratatiné de douleur et si vulnérable. Lui, si cassant lorsqu'il faut assener un avis. Tout petit, très fragile, très vieux aussi. Quand on dit de quelque chose qu'elle vous donne un coup de vieux, c'est vraiment le cas. Corbu vient de récolter sans s'y attendre une des plus grandes claques que lui a réservées le destin. Sa Von, son repère, celle qui jamais n'a bougé, celle qui a tout accepté et tout compris, éteinte pour toujours.

1959

Paris. De mon voyage à Brasilia, à part l'émerveillement de ce grand plateau perché en plein ciel, suspendu dans la poussière d'or rouge, effroi face aux intérieurs derrière ce grand geste architectural. Soigneusement compartimentés en salon, salle à manger, chambres… Cloisons et portes sans aucun charme. Habitat étouffé, contraint, rien qui fasse chanter l'espace, aucun bénéfice des progrès dans le champ de la vie domestique. Et puis cette petite pièce qui m'horrifie, un espace minuscule que j'ai pris pour un débarras, réservée à la « servante ». En un instant, toute la magnifique logique de Niemeyer, ces plans au cordeau à l'échelle d'une nation adoucis de courbes crémeuses, ces grands espaces pour que s'y rassemble le peuple, de façon spectaculaire et brillante s'assombrit d'une logique qui s'arrête à la porte de l'intime. Lucio Costa, chargé de l'architecture domestique aurait dû aller faire un tour au Japon, me suis-je dit. Ses immeubles sur pilotis sont beaux, ses aires de déambulations aérées, on y reconnaît l'influence de ses nombreux échanges avec Corbu mais tout de même… cette souillarde pour la « servante », quel scandale !

Enfin la réédition de nos meubles de 1928 créés avec Pierre et Corbu !

1961

C'est décidé. Sur ce terrain à Méribel offert par Lindsay il y plus de dix ans, je vais construire mon chalet. Le nôtre. Pernette s'est cassé la jambe. Nous avons dû rester un mois à l'hôtel. Une envie d'être chez moi a commencé à devenir obsessionnelle. Pas touché à ce terrain reçu en guise de salaire. Il est temps. Je veux y faire un refuge pour nous autres amoureux des sommets, partir en randonnée et revenir me lisser le poil au soleil, laver les chaussettes, faire quelques grillades dans une vaste cheminée et chanter joyeusement avec mes amis. Je vais y installer, sur une des portes coulissantes, un grand tableau noir comme à l'époque de 1935 pour mon projet la maison du jeune homme à Bruxelles.

1962

Je demande à Pernette si elle n'a pas vu les cahiers de mon journal. Où sont passées ces dernières années ? Je ne sais pas. Elle répond : « Je ne sais pas de quoi tu parles. — On voit bien que tu as fait du théâtre, cachottière », lui dis-je. Elle me cloue le bec : « Mais enfin je vis avec toi tout le temps, qu'aurais-je besoin d'aller lire, et encore plus voler tes cahiers ? C'est la banqueroute de ta vie intime ma pauvre mère ! » Depuis ces dernières nuits, elle sort danser. Elle me dit : « C'est bath » à tout bout de champ. Suis obligée de lui faire arrêter le disque de Françoise Hardy qui tourne pour la centième fois à la maison.

Jacques nommé délégué général d'Air France à Rio. Pernette suit les cours de Jean Prouvé aux Arts et Métiers.

Je lui ai proposé de choisir. Brésil ou études ? Elle répond : « Maman, je ne t'ai jamais vue prendre de vacances, de quoi parles-tu ? » Elle plaît. Elle est ravissante, ses grands yeux bleus en font fondre plus d'un. Je crois qu'elle n'a aucune envie d'aller voir ailleurs, dans tous les sens du terme. Elle me fait rire et me rend fière, ma fille. Jacques un peu piqué, je crois, que nous voulions rester ici, P. et moi. Nous ferons des allers-retours. Je vais commencer par lui aménager sa résidence. Près de vingt ans de mariage nous autorisent à vivre la vie qu'on a rêvée, libre, active, confiante. Bâtir le monde comme on bâtit notre vie, fondations solides, grandes ouvertures, respirations de lumière et d'oxygène, panneaux coulissants... transparence intermittente. Comment s'en sortent les femmes qui ne travaillent pas ? Je surprends parfois P. en grande conversation avec sa grand-mère au téléphone. Pernette : « À quel moment as-tu décidé de laisser partir maman ? » Ça ne se décide pas, ma chérie. Toi aussi, tu verras. Joie de te voir t'envoler, coccinelle. Joie et angoisse aussi, je dois bien me l'avouer.

1963

Quatre ans après les rééditions de tous mes meubles et de ceux de Pierre sous sa seule signature L. C., j'ai fait une demande à Corbu. J'ai dû me faire violence. Ce n'est pas mon genre, mais tout de même. Il a fini par accepter de diviser en trois les recettes des ventes. Petit Pierre peut être fier, je crois. Je me suis battue pour nous.

Aménagement de la résidence de Jacques à Rio, suspendu au bord de la mer, noyé dans la verdure. Aucun des meubles conçus pour le Japon ne fonctionne. Il faut reprendre à zéro le décor de cette maison vide. Jacques, le pauvre, y campe avec un petit lit et une table. Une nounou dévouée gère l'intendance. Visite du Brésil en tous sens. Fleuve Amazone. Exubérance de tout. Je ne peux que parler de ce pays de façon hyperbolique. Luxe inouï du palissandre, que je détestais jusque-là et que je fais couper cette fois en un long plateau de six centimètres d'épaisseur. J'ai imaginé une grande table basse aux empiècements irréguliers rayonnant en éventail, ossature bois, aplats cannés. Petite merveille. Jacques très heureux.

27 août 1965

Mort de Corbu, noyé à Cap-Martin. Sentiment d'abandon. Flots de souvenirs difficiles à contenir. Beaucoup d'insomnies.

26 septembre 1965

Lettre reçue de Genève, elle est de Jeanneret :

Ta dernière visite m'a fait un immense plaisir, mais aussi une grande émotion, car mes souvenirs les plus chers sont revenus à ma mémoire. Si je ne t'ai pas écrit plus tôt c'est parce que j'évite les grandes émotions trop fréquentes et je sais que je suis encore très faible concernant cette question. De toute façon, on t'attend avec impatience et je m'efforcerai d'être le plus courageux possible.

Je t'embrasse et je t'attends.

P.-S. : J'embrasse bien ta maman.

4 décembre 1967

Pierre, tu es parti. Tes derniers mois, atroces, tu étais si fragile, ton enveloppe terrestre était devenue l'ombre de toi-même. Tu n'étais déjà presque plus là. Il n'y a pas de mots pour dire ma peine.

À Chandigarh, dernier adieu.

Juin 1968

Suis rentrée du Japon il y a moins d'un mois. Fatiguée et fourbue. Les travaux et les projets de la résidence de l'ambassadeur du Japon à Paris piétinent.

Un de mes projets les plus compliqués à Paris. Tout le monde s'impatiente.

Partie à Tokyo il y a quelques jours pour y suivre les créations des artistes qui seront représentés dans cette résidence. Rentrée précipitamment ici. Je ne comprends pas ce qui arrive à la France. Empêtrée dans le chantier de la résidence de l'ambassadeur du Japon à Paris. Les devis et factures explosent. Les retards s'accumulent. Je crois que l'ambassadeur ne comprend pas non plus ce qui arrive à notre pays. Il paraît qu'à Tokyo, ils connaissent aussi un printemps explosif. Pernette a disparu. Je ne sais pas où elle est. Cette colère sociale est-elle un truc de son âge ? Peut-être. Je crois que je ne m'y reconnais pas. J'aime la jeunesse créative et frondeuse, pas casseuse. Seules les revendications sociales me paraissent fondées. Rue Las Cases, tout est calme ou à peu près. Parfois la rumeur des sirènes de police sur le boulevard Saint-Germain trouble le silence dans lequel je travaille.

Journal laissé en plan trop longtemps. Bien d'autres choses à gérer. Le temps se disloque. Trop de travail et puis à quoi bon au fond consigner le fil des jours.

Seule ici ce soir. Fenêtres ouvertes. Drôle d'époque. Paris assiégé. Il y a près de trente ans, Paris entrait dans la guerre. Pierre et moi passions notre dernière nuit, pas très loin d'ici, à Montparnasse. Ces jeunes qui n'ont pas connu un dernier train qui quitte une gare ou un bateau qui s'éloigne d'un quai pour des années, qui n'ont pas connu les absents, ceux qui ne rentreront pas de la guerre, ces jeunes, pourquoi se battent-ils ?

De gré ou de force, puisque plus rien ne fonctionne, je suis en vacances ou presque. Du moins pour quelques jours, le temps que l'administration et le reste des services du pays reprennent leur marche. De gré ou de force donc, s'arrêter. Instants de réflexion.

Corbu, tu es mort il y a trois ans, noyé au pied de ton cabanon de Cap-Martin, dans la Méditerranée, en plein été. Escorté vers la tombe avec tous les honneurs à Paris, grâce à Malraux aux commandes d'un grand embaumement républicain ce jour-là, tu fais depuis l'objet d'un culte élitiste.

À ce journal je peux confier, entre moi et moi, combien toi, Corbu, tu m'as à la fois fait grandir et combien tu nous as mésestimés, Jeanneret et moi. Rien ne sortira de ces pages. Sous le soleil de Cap-Martin, là où tu es mort, tu as rencontré en Heidi Weber une complice. Étrange signe du destin. Étrange de penser que cette femme – quasiment la seule dans mon entourage professionnel – a adhéré aveuglément à ce que tu as mis en œuvre : la spoliation de nos signatures, Jeanneret et Perriand… Un hold-up en somme. Tu as fait apposer partout tes initiales L. C., ultime preuve du culte que tu voues à toi-même. Quelle idiote ai-je été de céder à ta demande tous mes dessins sur ma chaise longue, les petits et grands fauteuils grand confort, la chaise à dossier basculant… Tu savais ce que tu faisais. Bien joué, je dois dire.

On m'a fait savoir que dès la première rétrospective organisée par Heidi Weber à Zurich il y a presque dix ans, que seul ton nom apparaissait. Dans un texte annexe, Jeanneret et moi avons été cantonnés à l'année 1929, jamais comme coauteurs de nos meubles. Et mon nom mal orthographié devenu « Périand », s'est retrouvé dans un texte tiré à part... c'est dire combien tu n'as pas reconnu tes disciples jusqu'au bout.

Heureusement, le fidèle Steph Simon par son travail de diffusion a pu me soulager quelque peu des servitudes. Heureusement Cassina depuis trois ans a repris le dossier même si c'est sur la base biaisée des termes posés entre toi et Weber.

En ce soir de juin 1968 où résonnent les plaidoyers communistes, où tout doit être partagé, où il faut mettre à mort les préceptes bourgeois étriqués... quelle ironie ! Suis-je amère ? Pas vraiment, mais blessée tout simplement par ta part la plus étriquée, cet ego vertigineux qu'il a suffi d'encenser pour nous priver, Pierre et moi, par un contrat que tu as bien ficelé, de tout revenus sur nos créations. Je me bats financièrement depuis des années. Mais depuis des années, nos meubles ne portent que tes deux initiales L. C. Même cette promesse de 1963 – diviser en trois les revenus de ces rééditions pour Pierre et moi –, tu ne l'as pas tenue.

Coïncidence encore, c'est l'année de ta mort qu'a cessé l'accord Weber qui m'a fait tant de tort.

Encore une coïncidence, nos destins sont tellement mêlés que c'est le jour de ta mort que Pierre a été rapatrié de Chandigarh à Genève par sa nièce Jacqueline. Malade. Si faible.

Jean Prouvé, Josep Lluís Sert et moi-même partis voir Pierre. Cher Pierre, un être de lumière et de sacerdoce. Rongé par une maladie dégénérescente. À Genève, nous avons fait de notre mieux pour discuter de choses et d'autres, feindre la légèreté, faire diversion en somme lorsque Pierre nous a demandé à brûle-pourpoint : « Et Corbu ? », pas même le temps de bricoler un mensonge, il a lui-même déclaré « mort ». Nous sommes restés silencieux et gênés. Gênés parce qu'on lui cachait quelque chose d'aussi important, gênés par nos souvenirs qui nous ont assaillis aussitôt. On avait voulu l'épargner et il nous renvoyait à notre vérité.

Deux ans d'agonie, et puis tu es mort il y a six mois, Pierre.

À Chandigarh, selon tes vœux, tes cendres dispersées sur le lac Sukhna par la main de Jacqueline, à bord du Rupar, ce petit bateau que tu avais construit là-bas. Tu savais te faire aimer. Tous tes collaborateurs sur le rivage, vêtus de blanc, haie d'honneur et de gratitude. Les policiers de Chandigarh, rassemblés ici sans leur arme, les jardiniers, les mains pleines de pétales de roses, les jetant sur l'eau, dans ce crépuscule indien de miel et de larmes. Cérémonie pleine de grâce et de poésie, très loin des grandes orgues parisiennes.

1970

Pernette m'offre un petit dictaphone. Pour ton journal, dit-elle. Tu n'as plus qu'à enregistrer. C'est japonais, de la marque Sony. J'enregistre donc, je n'écris plus. Problème, je perds les cassettes, ces minuscules Lego de plastique qui semblent mystérieusement disparaître.

1971

Depuis 1957, lorsqu'on m'a confié le chantier du Palais des Nations, j'ai fait à peu près une soixantaine de séjours à Genève. Entre le conseil, la supervision et le suivi, il fallait au moins ça, quand on pense que j'ai dû également concevoir les plaques gravées portant le nom des États posés sur les tables. Machine onusienne chronophage, alors que moi je voulais construire le monde, il était là, concentré et réduit dans ces grandes salles de conférences, immense et bigarré, clivé sur des querelles et des tentatives de maintenir la paix.

1972

Jacques est sorti flâner chez les libraires. Il adore ça. C'est sa nouvelle vie, cette retraite que je redoutais tant.

Cette fin de non-recevoir que la vie vous impose et qui vous ampute d'une partie de vous-même, d'une implication sociale, d'une part d'activité. Je redoutais cette césure dans le parcours de Jacques. Certains en meurent. Et puis revenir du bout du monde… pour Paris. Quel choc pour le grand voyageur qu'il a toujours été.

Il y a bien quelques fois où il s'impatiente, où il vient me chercher à l'atelier rue Las Cases lorsqu'il trouve que je travaille trop. Parfois, il prend ses quartiers à Méribel pendant que je carbure sur les Arcs, mais nous sommes heureux. J'ai préparé pour nous cet appartement perché sur les toits de Paris. C'est Pernette qui l'a trouvé. Je cherchais un lieu, un nid d'aigle plein d'air et de hauteur. Un jour, elle m'a appelée et m'a dit c'est petit mais va voir, la vue est à couper le souffle. Elle avait raison. Il a fallu tout refaire, mais désormais Jacques et moi avons Paris qui s'étale à nos pieds. Un hamac se balance sur notre terrasse. Jacques y a le sentiment, je crois, d'être en bateau pour une traversée interminable. Notre navire en plein ciel ne s'arrêtera jamais. Tous les quais du monde nous sont offerts.

1985

Le ministère de la Culture a accordé la subvention pour couvrir les frais générés par mon exposition. Une grande exposition rétrospective au musée des Arts décoratifs. Sentiment, comme en 1928, de ne pas être préparée, de ne pas être celle qui mérite tant de lumière. Monique et Jack Lang, grand ami de Jean Prouvé – ce dernier a œuvré en faveur de cette exposition –, je l'ai su hier, en sont les parrains ! Plus tard, le ministre m'a décorée de la Légion d'honneur. Jacques affaibli, mais très fier. Moi, je la reçois au nom de la modernité, au nom de tous ceux qui ont disparu, au nom de Pierre et Corbu, ma famille du 35 Sèvres, au nom de Pernette qui m'accompagne désormais dans ma mission. Avec Pierre Faucheux, nous avons pensé mon catalogue comme une visite guidée parmi les grands jalons de mon parcours, avec mes commentaires à l'appui, une sorte de voix *off* sur papier. Les textes et quelque quatre-vingts photos et dessins constituent ce que j'appelle mon « petit livre rouge », mon manifeste silencieux si je puis dire, car mon moyen d'expression favori demeure mes créations.

Cheville cassée, immobilisée. C'est Pernette et Aujame qui ont fait en sorte que tout soit prêt à temps.

Jour J, inauguration. Plâtre retiré. Je claudique mais je tiens debout. Sōri Yanagi m'a fait la très grande joie de me surprendre en venant du Japon. Seul dans le silence de ces murs posés sur la rue de Rivoli, m'escorte Jack Lang avec l'équipe du musée ainsi que Pernette. Nous avons fait une halte devant ma chaise longue dans sa version en bambou réalisée au Japon en 1940, que Yanagi a sauvée de la guerre et m'a offerte pour l'exposition. Personne n'a remarqué, je crois, que j'ai fermé les yeux. J'ai prié, oui pour la première fois, ou devrais-je dire, médité sans le savoir comme bien souvent. Prié pour Jacques, pour mes parents, pour P., pour ce Japon tant aimé, qui m'a tant donné. Je suis restée là quelques minutes, yeux fermés, au risque de me casser la figure. Sous mes paupières est passé le film des premiers temps, ceux de l'apprentissage, ceux de la découverte du monde et des premiers succès depuis le bar sous le toit de 1928. Ce que j'ai rencontré au Japon, c'est finalement moi-même, une version nippone de Charlotte Perriand si je puis dire. C'est le pays qui m'a appris sur moi-même mais moi je n'ai rien eu à lui apprendre. Cette synthèse des arts que j'ai tant voulue, elle est là, sous mes yeux, c'est la synthèse aujourd'hui de mon art, celui d'habiter le monde en bonne intelligence avec sa complexité. Et parce qu'il est complexe, j'ai toujours veillé à simplifier ce que j'y ai créé. Dans mon dos, à quelques rues de là, il y a la place du Marché-Saint-Honoré, l'appartement de mes parents au cinquième étage du 34 de la place, où j'ai grandi. Je pense à ma mère, cette femme qui m'a poussée à être moi. Je pense à cet appartement qu'elle avait décidé de louer, perché dans le ciel déjà. Cette femme qui a été mon modèle parce qu'elle n'a jamais voulu être un modèle, mais qu'elle a voulu tout simplement accéder à la liberté de vivre. Je pense à mon père, qui travaillait rue Scribe, chez Cumberland, et à elle, qui chez nous, dans son « atelier » a cousu bien des gilets de piqué blanc pour les habits du soir que portaient les privilégiés. Je pense à la rue de la Sourdière lorsque je sortais de l'école laïque, aux quatre pavillons Baltard qui entouraient la place Saint-Honoré, à quelques rues d'ici. Sous mes paupières, je revois tout ce qui m'a amenée ici. Le silence sous la nef du musée est épais, solennel, magnifique. Ce soir, ce musée est ma chapelle, j'y expose mon évangile.

Pernette m'a touché le bras en murmurant « maman ». Perdue dans mes pensées, le temps a filé. J'ai ouvert les yeux. Ils sont tous là à me regarder, à attendre que je bouge. Yanagi me sourit. Ah, vous êtes encore là, ai-je dit, et tout le monde a ri avec soulagement. Que croyaient-ils ? Que j'allais m'abîmer dans la nostalgie, que tout est dit, que tout est fini ? Que les honneurs vont me clouer le bec ? Je n'ai pas dit mon dernier mot.

Nous avons continué vers le reste de l'exposition. Léger et Corbu sont présents et Pierre aussi bien sûr. Ma salle de bains normalisée en polyester pour les Arcs, les tubulures de métal, le plastique, le bambou, les bois de Chetaille, le cannage... tout est là, y compris les allusions à Chandigarh et Brasilia. Tout me paraît contemporain, de 1930 ou de 1950, tout dialogue, rien n'est périmé car je crois qu'en n'ayant jamais cédé aux gadgets, j'ai fondé quelque chose de plus grand que moi-même, de plus grand que l'époque peut-être.

Le lendemain de l'ouverture, Lang et sa femme m'ont invitée à déjeuner au ministère. Il m'a demandé : « Mais comment faites-vous pour recevoir à la fois les éloges de *La Croix* et de *L'Humanité* ? » « La synthèse des arts », ai-je répondu.

1986

Je viens d'avoir une petite-fille. Pernette l'a nommée Tessa. La vie chasse la mort. Jacques est mort cette année. Josep Lluís Sert et Miró il y a trois ans à neuf mois d'écart, Jean Prouvé et mon fidèle Chetaille il y a deux ans…

J'ai accompagné Jacques lors de ses dernières semaines, jusqu'à son dernier souffle comme on dit. Je suis un être de vie et d'enthousiasme, jamais il ne m'a semblé plus injuste qu'une vie qui ne veut pas s'éteindre. C'est la manière de mourir qui m'afflige, pas la mort. Jamais il ne m'a paru plus grande mission que d'accompagner Jacques jusqu'au bout. Il ne se nourrissait plus. Il ne voulait pas partir. Je ne le voulais pas non plus bien sûr, mais je ne souhaitais pas d'acharnement non plus. Jacques, avec toi j'ai parcouru le monde et passé plus de quarante ans de vie. En bateau, en train, en avion, la planète a été notre terrain de jeu. Je m'émerveille encore de la façon dont nous, grands voyageurs, nous nous sommes rencontrés, de l'autre côté du monde, au voisinage de notre cher Japon, rattrapés par la guerre. Et comment tous deux nous nous sommes reconnus au milieu du chaos et de l'adversité. J'avais laissé à Paris un homme devenu un frère. Avec toi, tout a changé. C'est avec toi que je suis devenue cette femme d'intérieur dont l'étiquette te faisait tellement sourire. C'est grâce à toi, à notre petite P., que j'ai pu appliquer à l'échelle de notre famille mes principes et mes dessins. Grâce à toi, j'ai construit pour nous au lieu de ne le faire que pour les autres, les inconnus, ces sujets d'étude et de théorie depuis 1927. Grâce à toi, j'ai pu nommer les pièces qui nous étaient destinées, « le bureau de Jacques », « la chambre de Pernette » au lieu de concevoir des espaces pour « un ménage », « pour un couple », pour « un jeune homme ». Grâce à toi et à la cellule que nous formions, le monde a perdu son anonymat. C'est pour nous que j'ai construit notre chalet à Méribel, pour nous encore cet appartement sur les toits d'où je t'écris ce soir, ce navire suspendu dans les airs. Je te vois encore admirer cette ville qui est la nôtre, absorbé dans tes pensées, penché au balcon qui ressemble tant à un bastingage, auscultant le bleu des zincs, le vert-de-gris des toitures de cuivre, suivre du regard sans bouger cette houle urbaine d'immeubles enchevêtrés. Souvent, je t'ai observé en silence, monter cet escalier que Chetaille, à la retraite, a taillé dans un bois magnifique, dans cette trémie si étroite, comme sur un navire. Tu as tout de suite aimé cette nef sur les cimes. Tout y a été pensé pour nous. Le moindre espace, chaque centimètre a fait l'objet de réflexions. Tu me connais, comment pouvait-il en être autrement. Tu as ici embarqué pour cet ultime grand voyage, quitté le quai de notre existence pour toujours et cela m'apaise que ce soit d'ici que tu aies regardé une dernière fois le monde, avant, comme Pierre à Chandigarh, de te laisser partir sur la mer de nos souvenirs, la mer que tu aimais tant et que j'imagine le lieu de ton dernier repos. Enterré sous un rosier près de ta mère vers Reims, ça c'est la réalité. Moi je préfère t'imaginer dans les eaux exotiques des rives brésiliennes ou encore dans cette maison au bord de l'eau que je n'ai jamais pu construire pour nous en Indochine. Me voilà bien crépusculaire, n'est-ce pas. Tu ne me connaissais pas comme ça, moi sans cesse, versée dans l'action, constamment dans le faire. C'est que, tu vois, nos amis nous ont quittés. Tu sais bien la peine que m'a faite le premier départ, celui de Fernand Léger. Puis ce fut Pierre et Picasso et ainsi de suite… Alors, je me sens un peu gardienne du phare, de notre phare. Parfois, je me surprends à laisser dans la nuit la lampe allumée, celle que tu aimais, posée sur la margelle de la cheminée décorée du panier de pêcheur majorquin, pour que tu repères dans la nuit notre royaume de vent et de clarté et que tu viennes, pourquoi pas, me visiter en rêve. N'ai-je pas tendu une toile de bateau en guise de cloison ? C'est pour toi, Jacques, pour que tu prennes la barre et que tu pilotes ainsi les vivants, Pernette, sa petite Tessa et moi-même, vers ce que je préfère le plus au monde, la vie.

1993

L'inachevé. J'ai quatre-vingt-dix ans. Dans dix ans, j'aurai vécu un siècle. Et lequel ! Le XXe siècle, deux guerres mondiales, Mai 68 et tant d'autres choses qui ont changé le monde. Ai-je changé le monde ? Je n'ai pas la prétention de le croire. Ai-je permis à quelques-uns de mieux vivre en ce monde ? Ça, oui, je peux le dire, sinon y croire. Ai-je appris tout ce que je voulais apprendre ? Bien sûr que non. Mais il faut être réaliste, je ne peux pas constituer l'inventaire exhaustif de l'époque. Ma quincaillerie est déjà bien remplie. Ai-je donné au monde des outils, ai-je contribué à une certaine harmonie, je le pense, même si cette harmonie a été belle parce qu'éphémère. Ai-je tout dit ? Non. Combien de temps aurai-je la force de m'exprimer encore, je ne sais pas. Certains jours, je me dis que ça fait dix ans que Jacques m'attend. Attends-moi encore un peu, veux-tu ? J'aurai encore plus de choses à te dire. Laisse-moi encore garnir ma quincaillerie, dessiner quelques plans qui permettront peut-être à ceux qui n'ont pas connu les guerres de vivre en paix pour de bon. Que vous racontez-vous là-haut, Pierre et toi ? Parfois lorsque le ciel est si bas sur Paris, j'ai l'impression que, depuis notre balcon, je pourrais, en tendant la main, saisir la tienne.

Hiroshi Teshigahara m'a invitée à imaginer une maison de thé à l'occasion du Festival culturel du Japon. En plein Paris et en plein air, sur l'esplanade de l'Unesco. Me suis replongée pour l'occasion dans mes carnets du Japon de 1940, notions tirées du livre de Okakura : « La chambre de thé (*suki-ya*) ne prétend pas être autre chose qu'une simple maison de paysan – une hutte de paille. Les caractères idéographiques du *suki-ya* signifient la maison de la fantaisie. Le terme *uki-ya* peut signifier aussi la maison du vide ou la maison de l'asymétrie. C'est en effet la maison de la fantaisie en ce qu'elle n'est qu'une construction éphémère, bâtie pour servir d'asile à une impulsion poétique. C'est aussi la maison du vide en ce qu'elle est dénuée d'ornementation et que l'on peut, par la suite, d'autant plus librement n'y placer que de quoi satisfaire un caprice esthétique passager. C'est enfin la maison de l'asymétrie en ce qu'elle est consacrée au culte de l'imparfait et qu'on y laisse toujours volontairement quelque chose d'inachevé que les yeux de l'imagination achèvent à leur gré.

La chambre de thé est d'apparence tout à fait ordinaire. Elle est plus petite que les maisons japonaises les plus petites et les matériaux dont elle est bâtie sont destinés à donner l'impression de la pauvreté raffinée. N'oublions pas que cela est le résultat d'une préméditation artistique profonde et que tous les détails ont été exécutés avec encore plus de soin que l'on en met à construire les palais et les temps les plus somptueux…

La simplicité et le purisme de la chambre de thé sont le résultat de l'émulation inspirée par les monastères zen…

L'autel de la chapelle zen fut le prototype du Tokonoma qui est la place d'honneur de la maison japonaise, l'endroit où l'on dispose les peintures et les fleurs. »

Voilà, ma maison de thé entourée de sa ceinture de bambous pour l'isoler de la ville frissonne sous le soleil et les averses de mai sur l'esplanade de l'Unesco. Elle ressemble à une hutte fragile mais c'est précisément cette fragilité qui la rend précieuse. Elle est prise dans le vent et la lumière, dans le chaos urbain et pourtant, cette petite hutte de toile et de bambous agit comme une prière, un abri pour l'âme et les yeux. Permettre une halte, se baigner dans le dépouillement zen sous sa voilure vert rizière. Jacques, le mari de Pernette me fait remarquer qu'elle n'a rien de japonais mais qu'elle évoque cet asile primitif universel des peuples nomades, un habitat modeste qui ne laissera pas de trace. Moi je repense à mon refuge en montagne de 1935. Et si ma mission sur cette terre avait été d'offrir à chacun un refuge ?

23 octobre 1993

Une lettre de Roger Godino, fidèle et ombrageux complice des Arcs. Je suis invitée à un dîner d'anniversaire. En décembre, on fêtera les vingt-cinq ans de la station. J'ai donné près de vingt ans de ma vie à cette mission, une des plus prenantes de mon parcours. Godino aussi a tout donné dans cette aventure. J'ai décliné l'invitation et lui envoie un mot : *L'architecture qui en a résulté m'a laissée parfois sur ma faim. Peut-être n'ai-je pas assez lutté pour qu'aux Arcs elle fût exemplaire. Cependant les Arcs ont le mérite d'exister. Ce fut une longue lutte globalement positive.*

Fin août – début septembre 1999

À Biot, baignée de la lumière du sud, dans le musée de mon ami Léger, s'est ouverte fin mai une exposition qui rapproche nos deux noms, sous le terme de « Connivence ». Fernand, tu restes si vivant dans ma mémoire. Elle durera le temps d'un été, se termine fin septembre.

Depuis Méribel, je me régale de l'air frais du matin. Le chat laisse ma petite Tessa jouer avec son pelage. Elle me rappelle tant Pernette au même âge. Chaco, le chaton d'Indochine, revient gambader dans ma mémoire. Je ferme les yeux. Je suis un peu fatiguée. La lumière d'Est qui réveille les montagnes ici s'immisce sous mes paupières alors que très loin, aux confins de l'archipel, mon cher Tokyo glisse dans le sommeil. J'irai peut-être y voir bientôt les ginkgos se parer d'or.

Fin août, l'air est plus léger. Fin des vacances. Seule. Je retournerai plus tard, en septembre ou octobre, à mon vaisseau de vent et de lumière, baigné des teintes de fer de Paris.

Rester encore un peu les yeux fermés, dans l'éclat miel de cette matinée, laissez-moi errer dans la belle folie des choses, vers mon ultime refuge.

ÉPILOGUE

Charlotte Perriand est décédée le 27 octobre 1999. À Paris, elle repose dans son cercueil pour une veillée funéraire. Les pompes funèbres ont eu un mal fou à amener ici cette boîte en bois, dans cet espace aussi minutieusement pensé qu'une cabine de bateau.

Seuls Pernette et son mari Jacques la veillent. Mais quelque chose les révolte. C'est Jacques qui a choisi le modèle dans le catalogue des pompes funèbres. Un modèle sans chichis, sans moulures ni dorure. Lorsqu'ils le découvrent, Pernette et Jacques sont bien obligés d'admettre que, même en choisissant le modèle le plus sobre, le bois du cercueil est hideux, indigne de celle qui en a toujours choisi et travaillé les plus beaux spécimens. À quelques mètres d'elle, l'escalier qu'elle a dessiné, réalisé par son cher charpentier Chetaille, illustre parfaitement sa passion du bois brut, tout comme le plateau des tables qu'elle a signées. Non vraiment, malgré la peine, malgré la tristesse – et aussi à cause d'elle –, Pernette et Jacques ne peuvent se résigner à ce que ce mauvais cercueil soit le dernier refuge de Charlotte Perriand. Les magasins vont fermer, mais il est encore temps.

Tous les deux, ils descendent sur le boulevard Saint-Germain et se dirigent, boulevard Raspail, vers une droguerie dont ils savent qu'elle leur fournira ce qu'ils cherchent. En habitués du quartier, on les connaît bien dans ce petit commerce. On ne leur présente aucunes condoléances à part l'usuelle empathie bienveillante. Car Pernette et Jacques n'ont rien annoncé à personne. Personne ne sait que Charlotte Perriand a quitté ce monde. Seules deux de ses amies sont au courant. Jacques et Pernette ont préparé un petit texte pour l'AFP qu'ils ne feront partir que le lendemain. Néanmoins, dans la droguerie, on tique un peu lorsque le couple demande à acheter une ponceuse électrique et des disques de papier de verre.

En retournant vers le cercueil de sa mère, Pernette se dit que ce serait joli, dans ce quartier qu'aimait tant Charlotte, de donner son nom à une ruelle, une contre-allée, une place. Peut-être un jour, se dit-elle. Les raclements des grandes étoiles rouillées, larges feuilles de marronniers que le vent d'automne pousse dans les caniveaux, la sortent de sa rêverie. Avec Jacques, ils ont le cœur bien lourd mais ils ont une mission.

De retour à l'appartement, ils s'emparent du couvercle du cercueil, le hissent sur le balcon et se mettent au travail. Pernette est un peu nerveuse. Les voisins cachés par une treille de vigne vierge ne voient rien, mais peuvent tout entendre. Cependant, il n'y a pas de temps à perdre. À tour de rôle, ils vont poncer ce satané vernis qui encrasse le bois et donne à ce cercueil un air prétentieux. Seulement voilà, le vernis industriel est presque aussi résistant qu'une peinture pour carrosserie. Le stock de disques à poncer n'y suffit pas, la machine est en surchauffe, leurs mains pleines de crampes. Jacques et Pernette sont épuisés. Il se fait tard. La nuit depuis longtemps a plongé les humains qui les entourent dans le sommeil. Ce balcon sur Paris offre à leur vue un tapis sombre piqué de rares étoiles scintillantes, autant de fenêtres allumées par les derniers noctambules. Devant eux, le bois du couvercle est par endroits mis à nu mais l'ensemble présente partout des patchs de vernis éraflé. Pernette et Jacques sont bien obligés de s'avouer vaincus.

Alors, la fille de Charlotte Perriand a une idée. Une idée qu'aurait pu avoir sa mère, mieux, une idée qu'elle aurait aimée, cela elle en est sûre.

Avec Jacques son mari, ils sortent discrètement dans la cour et enfournent à pleines poignées des feuilles mortes bigarrées de jaune et de rouge dans de grands sacs-poubelle. Ils ne peuvent remplir que quatre sacs à eux deux. Ça devrait aller. Le dos leur fait mal. Ils repartent avec leur butin d'automne vers l'appartement. En rentrant, ils retrouvent le chantier de leur ponçage, nettoient, jettent, font place nette pour la prochaine étape. Pernette guide les opérations. Avec son mari, jusqu'au petit matin, heure à laquelle les pompes funèbres doivent venir chercher la dépouille de Charlotte Perriand pour la conduire au cimetière de Méribel, ils vont coller une à une, sur le cercueil, les plus belles feuilles d'automne de leur récolte. Le lendemain, en chemin, ils ont prévu une halte au couvent de la Tourette construit par Le Corbusier. Là-bas, les frères dominicains et Antoine Lion, qui avaient beaucoup d'estime pour Charlotte Perriand, s'apprêtent à accueillir son cercueil au sein de la chapelle pour une nuit de prières et de veillée, à l'ombre de celui qui fut son maître.

Lorsque les hommes en noir sonnent le matin du dernier voyage, ils découvrent, bouche bée, ce résultat inattendu, loin d'être dénué d'une grande poésie. Un cercueil couvert de feuilles or et rouge.

Voilà comment celle qui aimait tant la nature a accompli son ultime périple, des hauteurs de Paris vers les cimes poudrées des premières neiges de Méribel, dans une sorte de canoë presque identique à celui qu'elle avait fait glisser aux Baléares quelque soixante-dix ans plus tôt mais paré d'automne, en ce qui pourrait s'apparenter à rite organisé par quelque kami japonais.

Remerciements

Je tiens ici à remercier Isabella Capece pour son immense soutien et sa vigilance bienveillante.

Cet ouvrage a été mis en page par IGS-CP
à L'Isle-d'Espagnac (16)

CET OUVRAGE
A ÉTÉ ACHEVÉ D'IMPRIMER
SUR ROTO-PAGE
PAR L'IMPRIMERIE FLOCH
À MAYENNE EN AOÛT 2019

N° d'édition : L.01ELKN000794.N001. N° d'impression : 94733
Dépôt légal : septembre 2019
Imprimé en France